H. Frhr. v. Steinaecker

Darstellung der Befreiungskriege

REPRINT – VERLAG
LEIPZIG

Die zum Teil geminderte Druckqualität ist auf den
Erhaltungszustand der Originalvorlage zurückzuführen.

Die Deutsche Bibliothek – CIP-Einheitsaufnahme

Ein Titeldatensatz für diese Publikation ist bei
Der Deutschen Bibliothek erhältlich.

Volker Hennig, Goseberg 22-24, 37603 Holzminden
ISBN 3-8262-1915-5

Reprintauflage der Originalausgabe von 1912
nach dem Exemplar des Verlagsarchives

Lektorat: Andreas Bäslack, Leipzig
Einbandgestaltung: Jens Röblitz, Leipzig
Gesamtfertigung: Westermann Druck Zwickau GmbH

König Friedrich Wilhelm III.

Kampf und Sieg vor hundert Jahren

Darstellung der Befreiungskriege 1813/15

Von

H. Freiherrn v. Steinaecker

Generalleutnant z. D.

Mitglied des preußischen Abgeordnetenhauses

Mit 55 Abbildungen, Karten und Skizzen

Köln a. Rh. · Verlag und Druck von J. P. Bachem

Inhaltsverzeichnis.

Verzeichnis der Abbildungen.

Vorwort.

Das „heilige römische Reich deutscher Nation" war untergegangen und hatte untergehen müssen, weil seine Fürsten und Völker ihre Sondervorteile über die der Allgemeinheit gestellt hatten. Herabgesunken war so allmählich unser Vaterland vom stolzesten Staatengebilde des Abendlandes zu einem ohnmächtigen Staatenbündel. Aeußerlich und innerlich, staatlich und religiös zerrissen, war es im Laufe der Jahrhunderte zum Gespött und zum Spielball der Nachbarn geworden.

Was die Vorfahren gesündigt, büßen auch im Leben der Völker die Nachkommen. Mit dem kostbarsten Blute mußten die deutschen Stämme die Schuldtafel der Ahnen wieder reinwaschen, mannhaft und entschlossen haben sie es getan. Hierbei erkannten Freunde und Feinde, welch gewaltigen sittlichen Kräfte in unserem Volke schlummerten.

Diese nunmehr 100 Jahre hinter uns liegende Zeit der „Befreiungskriege", von deren schweren Not kein Lebender mehr etwas zu berichten vermag, zu schildern, schien mir lohnend und berechtigt: lohnend, denn was kann es Schöneres und Erhebenderes geben, als sich noch einmal zu vergegenwärtigen, wie unser Volk aus eigener Kraft aus tiefstem Sturz sich zu erheben, was es zu leisten verstand, als alle Mittel schon erschöpft schienen; wie es in fester Zuversicht auf Gottes Hülfe in den Kampf mit einem anscheinend unüberwindlichen Feinde zog und siegreich aus ihm nach langem Ringen hervorging. Berechtigt schien es mir, denn wir, die wir uns in der Gegenwart des neuen deutschen Reiches Herrlichkeit mit gerechtem Stolze freuen können, dürfen darüber nicht vergessen und sollen durch die Vergangenheit uns immer daran mahnen lassen, wodurch das alte deutsche Reich unterging. Gott, der Lenker der Geschicke der Völker, hat uns Deutsche einst gezüchtigt für unsere Uneinigkeit! Beherzigen wir dies! Bleiben wir einig in Freud und Leid! Dann ist die Zukunft hell!

Gehe nun hinaus, mein schlichtes Buch! Mögest du lehren und die Ueberzeugung überall befestigen: Der liebe Gott verläßt uns Deutsche nicht, wenn wir ihn nicht verlassen!

Geschrieben am 18. Juni 1912,
dem Tage von La Belle Alliance.

Der Verfasser.

Deutschland im Jahr 1812

Wie sah es in Deutschland vor 100 Jahren aus? Gott, der Herr, der Lenker der Geschicke des einzelnen wie der Staaten, hatte unser armes Vaterland hart geschlagen! Das morsche Gebäude des Staatengebildes, genannt „das heilige römische Reich deutscher Nation“, war durch den gewaltigen Sturm, der von Westen gekommen, bis in seine Grundfesten erschüttert worden; das Band, das die auseinanderstrebenden Quadern äußerlich noch notdürftig zusammengehalten hatte, war unter den Hammerschlägen des gewaltigen Sohnes der Revolution, des Titanen Napoleon, zersprungen: der stolze Bau stürzte in sich zusammen. Die beiden allein noch aufrecht stehenden Säulen, die frühere Vormacht Oesterreich, dann Preußen, die Schöpfung Friedrichs des Großen, wurden nacheinander mit wuchtigen Schlägen zu Boden geworfen. Finis Germaniae! Von den Trümmern des besiegten, wehrlosen Deutschlands waren die Lande links des Rheins Frankreich einverleibt, die Gebiete bis zur Elbe vom unersättlichen Korsen als „Rheinbund“ zu französischen Vasallenstaaten zusammengefaßt und herabgewürdigt worden. Das verkleinerte Preußen wurde nicht nur planmäßig ausgeraubt und geschwächt, sondern auch unter rücksichtsloser Ausnutzung des Rechtes des Stärkeren, unter hohnvoller Mißachtung seines Rechtes aus Selbstbestimmung für das Werk seiner Wiederaufrichtung, unter demütigende französische Oberaufsicht gestellt, Oesterreich durch Knüpfung von Familienbanden vor Napoleons Triumphwagen gespannt.

Nicht genug mit dem Erpressen von Geld und Gut, der unersättliche Eroberer nahm auch noch mitleidlos den deutschen Stämmen das Kostbarste, was sie hatten, ihrer Kinder Blut, als Lebenssaft für seine Heere bei Weiterführung seiner maßlosen Eroberungspläne. Der Rheinbundstaaten „taufrische“ männliche Jugend bildete den ergiebigsten, schließlich bis auf den Boden rücksichtslos ausgeschöpften Quell für den Ersatz der Napoleonischen Heere. Hiermit wurde gleichzeitig Frankreichs Volkskraft in weiser Voraussicht für den Fall geschont, daß einmal des „Bundesgenossen“ Kräfte versagen sollten. Bald gab es kein Schlachtfeld mehr, über das die französischen Adler getragen wurden, auf dem nicht deutsches Blut für den Nutzen Frankreichs vergossen worden wäre. So weit war es gekommen!

Es ist aber wahr, daß die Veränderung des Staatengebildes und der Druck der Napoleonischen Zwingherrschaft nicht überall gleichmäßig in den Gauen des deutschen Vaterlandes damals bewertet und empfunden wurde. Abgesehen von der Blutsteuer brachte die neue Herrschaft für die französisch gewordenen Lande wenig Unbequemes, ja, manches Veraltete, Ueber- und Rückständige wurde durch Neues, Fortgeschritteneres, Zweckentsprechenderes ersetzt. Die Leiden eines Kriegsschauplatzes blieben den meisten Landstrichen westlich der Elbe erspart, auf den Durchmärschen wurde von den Franzosen gute Manneszucht gehalten, die Rheinbund-Regimenter selbst zogen nicht ungern unter den Augen des anscheinend unbesiegbaren Soldatenkaisers in den Krieg. Eines darf ferner nicht vergessen werden: das Gefühl eines gemeinsamen deutschen Vaterlandes, durch das Auseinanderstreben der deutschen Fürsten und die Ohnmacht der Vormacht im Laufe der Jahrhunderte schon immer mehr geschwächt, war unter dem Drucke der überwuchernden Sonderinteressen immer mehr verkümmert. Der Gedanke: ich bin ein Deutscher vor allem und über alles, hatte sich wenig Raum mehr in den Herzen der durch zahllose Schlagbäume getrennten Bewohner unserer Heimat zu bewahren verstanden. Nicht ohne eigene Schuld hatte die furchtbare Zuchtrute unser Volk getroffen! Wer des Vaterlandes vergißt, ist nicht wert, daß er eines besitzt. Es muß zu unserer Beschämung heute noch eingestanden, und es darf nicht an dieser demütigenden Erinnerung vorbeigegangen werden, daß an Stelle ehrlicher Trauer über den Verlust der Freiheit vielfach eine Gesinnung zutage trat, die uns nach 100 Jahren noch die Schamröte ins Gesicht treiben muß. Viele Deutsche waren so tief gesunken, daß sie in Wort und Schrift den, der sie wie Hunde behandelt hatte, als „Europas Helden“ begeistert feierten. Einem früheren preußischen Kriegsrat v. Cölln war es vorbehalten, die Verdienste Napoleons durch die Deutschen mit den Worten zu feiern: „Wer gab den Deutschen Einigkeit? . . . Wollte Napoleon den ganzen Rheinbund aufheben, sich zum Kaiser der Deutschen krönen lassen, ganz Deutschland unter einen Hut bringen und der erste Heros sein, welcher die Deutschen zu einer Nation erhöbe, sie alle zu einem Zwecke vereinigte, so könne man sagen, er habe ein Werk vollendet, woran seit dem Ursprunge der Nation gearbeitet worden ist.“

Wie recht hatte Jahn, wenn er in seiner Entrüstung hierüber ausruft: „Gab es je einen feigeren, feileren, hochverräterischeren Pöbel als die deutschen Tageblättler, Zeitungsschreiber und Zeitschriftler?“

Wie die Völker versagten, versagten auch die Fürsten! „Nicht das Volk hatte Schuld,“ sagte einst Freiherr von Stein, „man wußte es nicht zu gebrauchen, hätten die deutschen Könige und Fürsten ihre Schuldigkeit getan, nimmer wäre ein Franzose über die Elbe, Oder und Weichsel gekommen!“ Schills und Dörnbergs Unternehmen konnten so unschwer im Blut erstickt werden. Nur Dichter und Philosophen suchten das unter der Asche noch glimmende Feuer der Vaterlandsliebe zu nähren und anzufachen. Als im Jahre 1809 bei Ausbruch des Krieges zwischen Frankreich und Oesterreich kraftvolle Personen, wie Stein, Gneisenau, Scharnhorst, zum allgemeinen Losschlagen gegen Napoleon drängten, da fehlte an den entscheidenden Stellen der Wille zum Handeln. König Friedrich Wilhelm III., und auf Preußens König kam es in dieser Stunde an, wollte die günstige Gelegenheit nicht ausnützen; und doch hatte sein Land der Druck der Fremdherrschaft am gewaltigsten getroffen. Napoleon haßte von jeher die Schöpfung des großen Friedrichs, es war, als wittere er in ihr den Gegner, der von der Vorsehung dazu berufen war, ihm, wenn seine Zeit gekommen, den Todesstoß zu versetzen. Wie oft hat er später auf St. Helena beklagt und es sich als unverzeihlichen Fehler angerechnet, daß er im Frieden von Tilsit im Jahre 1807 Preußen überhaupt nicht von der Landkarte weggewischt habe!

Anfang 1812 war die Kriegsentschädigung von 140 Millionen Talern von dem von Natur armen, seiner besten Provinzen beraubten Preußen noch nicht bezahlt, noch hatte das Königreich sich nicht von den Aufwendungen für den jahrelangen Unterhalt einer Besatzungsarmee von 150 000

Franzosen erholt, da „erreichte das Unglück des Vaterlandes", so schreibt Clausewitz, „seinen Gipfel; denn seine Fürsten sind Sklaven, welche nach dem Geheiß ihres Herrn das Schwert gegen sich selbst ziehen". Preußen wird, wie Oesterreich, zu einem Bündnis mit Frankreich gezwungen und muß ein Hülfskorps von 20 000 Mann mit 60 Geschützen zum Zuge Napoleons gegen Rußland stellen. Und noch damit nicht genug! Es muß die „große Armee", ungefähr 400 000 Mann, auf ihrem Durchzug unterhalten. Die Franzosen wüteten gegen die Verbündeten von 1812 schlimmer wie gegen die Feinde von 1807. Ostpreußen wurde in Ausführung des Befehls, daß für jeden Mann, der die Grenze überschritt, für 20 Tage Lebensmittel beizutreiben seien, im wahren Sinne des Wortes ausgeplündert. Man versteht den Ingrimm, der von Tag zu Tag mehr die Herzen der unglücklichen, der Verzweiflung nahegebrachten Bewohner erfaßte. Fast schien es, als wolle die Bedrückung kein Ende nehmen. Denn wer hätte daran zu denken gewagt, daß dieser Feldzug Napoleons anders wie all seine früheren, siegreich enden könne?! Als der Weihnachtsengel des Jahres 1812 vom Himmel mit der Botschaft herabstieg: Friede den Menschen auf Erden! da rangen sich ihm mancher deutschen Mutter Hände in stummer Not um ihr Kind entgegen. War zwar Trauer um des Hauses Hoffnung unvermutet oft seit Jahren schon in manches Heim zwischen Memel und Rhein eingekehrt, so wollten jetzt die Klagen nicht verstummen. Hatte sich doch die Kunde verbreitet, daß der Zug des anscheinend unüberwindlichen Korsen in Schnee und Eis der Russischen Ebenen erstarrt sei. Kaum einer der siegesgewiß ausgezogenen Streiter sei dem Tode entgangen. Anfangs wollte man's nicht glauben, allein nicht lange blieb die Bestätigung dieser Schreckens- und doch Freudenbotschaft aus: Züge führerloser, halbverhungerter, waffenloser, kampfunfähiger, in Lumpen gehüllter Krüppel, die Reste der stolzen „großen Armee", schleppten sich über die Grenze zurück. Der Herr, unser Gott, hatte den Dämonen Napoleon zu unserer Züchtigung erscheinen lassen, nun rief er ihm zu: Halt! Bis hierher und nicht weiter! Am 19. Oktober 1812 hatte der stolze Korse für die „große Armee", mit der er am 24. Juni den Niemen zum Kriege gegen die letzte Festlandsmacht, die ihm noch zu trotzen wagte, überschritten hatte, den Rückzug befehlen müssen. Sein Angriff, so wuchtig er auch angesetzt war, war vorzeitig erlahmt und

(Russischer Stahlstich.) **Napoleon empfängt die Meldung von der Inbrandsetzung von Moskau.** (Jostsche Sammlungen in Leipzig.)

schließlich in sich zusammengebrochen. Raum und Zeit, Hunger und Frost, Größen und Mächte, denen gegenüber sein Genie diesmal versagte, hatten die auf den Schlachtfeldern wie immer errungenen Erfolge wettgemacht und schließlich den gewaltigen Kriegsmann niedergezwungen. „Ich verstehe mit den Menschen, aber nicht mit den Elementen zu kämpfen!“ Aus dem anfänglich geordneten Rückmarsche war, je mehr unter dem stündlich sich verstärkenden Druck der unsagbarsten Entbehrungen und Anstrengungen sich die Mannszucht gelockert hatte, ein alle Verbände auflösendes Zurückfluten geworden, das ein Elend zeitigte, so grausig, wie es durchzukosten nie mehr einem Heere der Neuzeit beschieden war. Was Hunger und Kälte am Leben ließ, fiel den Angriffen der unermüdlich Tag und Nacht nachdrängenden Kosaken zum Opfer. Die Bauern standen auf und rächten sich nun mit unmenschlicher Grausamkeit an den wehrlosen Flüchtlingen für all die Bedrückungen, die sie zähneknirschend von dem waffenstarken Eindringling hatten ertragen müssen. Als die Glocken das neue Jahr 1813 einläuteten, bestand die „große Armee“ nicht mehr. Von ihren 600 000 Mann, 167 000 Pferden, mit denen sie wie ein gewaltiger Keil in das „heilige Rußland“ wuchtig eingedrungen war, erreichten nur 58 000 Mann die deutsche Grenze wieder! Ihr Weg war eine große Gräberstraße, die die Friedhöfe der Biwaks und Schlachtfelder miteinander verband. Mors triumphator!

Kampffähig davon waren jedoch nur mehr das preußische und österreichische Hilfskorps, sowie die Reste der westfälischen, hessischen und bayerischen Beistellungen, vielleicht 35000 Mann. Als Napoleon durch die Kämpfe an der Beresina sein Schwert völlig zerschmettert worden war, sah er, daß hier seiner als Feldherr keine Aufgaben mehr harrten. Nach Paris eilte er voraus, um von dort aus als Kaiser durch die Macht seiner Persönlichkeit, als Diplomat durch seine erprobte Staatskunst, als Soldat durch seine überlegene Organisationsgabe sich die Mittel zu einer Fortführung des Krieges zu schaffen. Selbst wenn sein bisheriger Feind sich mit siegreicher Abwehr begnügen sollte, so mußte er dennoch mit Weitergang des Krieges rechnen! Er war denn auch darauf gefaßt, daß sein Mißerfolg sofort die von ihm geknechteten Staaten, Preußen an der Spitze, zum gemeinsamen Wiedervergeltungskampfe vereinigen werde. Demgegenüber stand er augenblicklich ganz allein, ohne Heer; dazu zehrte schon seit Jahren in Spanien ein verlustreicher Kleinkrieg an seinen dort verzweifelt kämpfenden Bataillonen.

Ehe also feindliche Kräfte ihn in Frankreich selbst zum Kampf zwingen konnten, wollte er selbst wieder in neuer Rüstung und damit wieder gefürchtet dastehen. Alle Mittel setzte er dazu in Bewegung, um seinen Gegnern zuvorzukommen, sein Spiel gab er noch lange nicht verloren. Noch war er da, er, Napoleon, der Meister in kühner Benutzung von Raum und Zeit, das wollte er seinen Gegnern zeigen! Das Glück kam ihm zu Hülfe.

Man hätte in der Tat erwarten können, daß das Wiedererscheinen der kampfunfähigen, nur mitleiderregenden Reste der „großen Armee“ in allen deutschen Landen, durch die dieser Zug des Todes ging, wie ein Flammenzeichen gewirkt und den sofortigen Anschluß von Oesterreich und Preußen an Rußland erreicht hätte. Blücher, der in Stargard untätig der Entwicklung der Ereignisse folgte, schrieb: „Wenn es jetzt nicht Seiner Majestät unseres Königs und aller übrigen deutschen Fürsten und der ganzen Nation Fürnehmen ist, alles Schelmfranzosenzeug mitsamt dem Bonaparte und all seinem ganzen Anhang vom deutschen Boden wegzuvertilgen, so scheint mich, daß kein deutscher Mann mehr des deutschen Namens wert sei. Mich juckts in alle Finger, den Säbel zu ergreifen.“

So hoffte man in Rußland selbst: „Wenn jetzt noch ein französischer Soldat durch die deutschen Grenzen entrinnt,“ sagte die russische Kaiserin, eine württembergische Prinzessin, „so würde ich mich schämen, eine Deutsche zu sein.“ Nichts von alledem geschah! Unbehelligt zogen die „Krüppel“ ihren Weg gen Westen! — Die Ostpreußen zumal, in denen wohl der stärkste Ingrimm gegen die Franzosen herrschte, und mit Recht, setzten sich ein unvergängliches Denkmal ihrer christlichen Feindesliebe: sie nahmen die armen Flüchtlinge in ihre Häuser auf und teilten den letzten Bissen mit ihnen.

Oesterreich hatte sein Hilfskorps mit der Abreise Napoleons nach Paris auf Krakau zurückgezogen und sich damit begnügt, die Aufforderung dieses zu verdoppeln, einfach abzulehnen. Tatsächlich hatte es so das Bündnis mit Frankreich gelöst, allein nun auch noch den weiteren Schritt zu tun und sich entschlossen an die Seite Rußlands zu stellen, dafür hielt Metternich, der Leiter der Politik des Kaiserstaats, die Zeit noch nicht für gekommen!

Preußen, wir begreifen es heute kaum, hielt sogar am Bündnis fest! Auf König Friedrich Wilhelm wirkte nach wie vor die Macht der Persönlichkeit Napoleons überwältigend: „Erst müssen noch einmal 300000 Franzosen am Niemen vernichtet werden, eher kann man nicht an einen Krieg gegen ihn denken.“ Sein Wunsch war zunächst Friede: „Nimmt Napoleon gemäßigte Bedingungen an, und der allgemeine Friede, denn nur von diesem kann die Rede sein, kommt bis zum April zustande, so ist der größte aller Zwecke erreicht.“ Nur wenn Napoleon im Jahre 1813 erneut nach Rußland hineinmarschierte, dann sei, meinte er, der Augenblick für Oesterreich und Preußen gekommen, im Rücken des Feindes loszubrechen und ihn zu vernichten. Freiherr von Stein, der auf Napoleons Geheiß aus Deutschland verbannt, in der Umgebung des Kaisers von Rußland als Anwalt der deutschen Sache auf tatkräftigste Weiterführung des Krieges hindrängte, hoffte, daß alles, was noch Sinn für des Vaterlandes Ehre und seine Selbständigkeit habe, sich vereinigen werde, um „über das unreine Tier herzufallen, das die Ruhe Europas stört“. Diese Hoffnung schien nicht in Erfüllung gehen zu wollen. Es schien zunächst wirklich so, als ob die Fremdherrschaft alle Welt völlig entnervt habe. Sollte wirklich die vielleicht letzte Gelegenheit zur Wiedererlangung der Freiheit für Deutschland unbenutzt gelassen werden?!

Da trat ein unerwartetes Ereignis ein, das die zögernden Kräfte auf das eine Ziel: Vernichtung Napoleons, mit von Augenblick zu Augenblick wachsender, alles mit sich fortreißender, schließlich unwiderstehlicher Gewalt in Bewegung setzen sollte. Es begann die Zeit, von der Ernst Moritz von Arndt schreibt: „Ich werde das Schwingen, Klingen und Singen dieser Morgenröte deutscher Freiheit nie vergessen.“

Yorks Tat

General v. York war es, der die 20000 Preußen befehligte, die im Juni 1812 als eine Division des Korps Mac Donald von Tilsit her die russische Grenze überschritten hatten. Kurland hatte er vom Feinde säubern und sich des befestigten Riga bemächtigen sollen, um dadurch die linke Flanke des Hauptheeres zu decken.

Kam es auch in diesem Kampf „um Brückenköpfe", wie der französische Feldherr verächtlich sagte, nicht zu großen Schlägen, so gab es doch immerhin mannigfache Gelegenheiten, bei denen die Franzosen erkannten, daß die Preußen die blutigen Lehren, die sie 1806 von ihnen empfangen, nicht unbeachtet gelassen hatten. Vor allem aber hatten die Besiegten von Jena und Auerstädt selbst durch ihre Erfolge das Vertrauen wieder zu sich gewonnen. Man kann sich daher denken, mit welcher Genugtuung ihr König seines Generals Meldung von dem „unbeschreiblichen Mut der Truppen, durch die sie sich würdig gemacht haben, Preußen und Seiner Majestät Untertan zu sein", entgegengenommen hatte.

Sie besaßen aber auch in York einen ihrer würdigen Führer; sie sahen zu ihm auf, und das mit Recht. Unerschrocken und entschlossen, hart gegen andere, aber zuvörderst gegen sich, hatte er ihnen bei allen Gelegenheiten als Muster eines selbstbewußten Führers vorangeleuchtet.

Im 53. Lebensjahr stand er um diese Zeit. Er war ein Potsdamer Kind. Ein bewegtes Leben hatte er hinter sich. Als Sohn eines Offiziers, Enkel eines Pastors, der noch den Namen Jarke geführt hatte, war er 1772, er zählte damals erst 13 Jahre, in ein preußisches Infanterie=Regiment als Junker eingetreten. Im bayrischen Erbfolgekriege 1778 hatte er seine Feuertaufe erhalten und sich als trefflicher Offizier bewährt. Allein er benahm sich im Frieden so unbotmäßig, daß er nicht nur mit Festung bestraft, sondern auch aus dem Dienst entlassen wurde. Mittellos, aber voll Tatendrang, stand der Zweiundzwanzigjährige nun da! Ins Ausland ging er. Er ließ sich von der Holländisch-Ostindischen Gesellschaft anwerben und focht auf Ceylon. Lange litt es ihn nicht in der Fremde. 1785 ist der „Abenteurer“ schon wieder zurück. Seine Bemühungen, im Heere wieder angestellt zu

Hans David Ludwig von York.
Aus dem Corpus imaginum der Photogr. Gesellschaft, Berlin.

werden, waren zunächst nicht von Erfolg gekrönt. „Wenn ich ihn nach seinen letzten Seediensten in der Infanterie anstellen wollte,“ so ließ ihn der alte Fritz bescheiden, „so würde das ebensoviel sein, als wenn ein Koch wollte Tanzmeister werden.“ Erst unter dem Nachfolger des großen Königs erfüllte sich sein Wunsch. Im Jahre 1788 wurde er als Offizier für das neu errichtete Füsilierbataillon Plüskow angenommen. Er rückte nun dank seiner Tüchtigkeit schnell auf; 1799 finden wir ihn schon an der Spitze des in Mittenwald stehenden Fußjägerregiments. Im Unglücksjahr 1806 deckte er mit großem Geschick den Uebergang des Korps des Herzogs von Weimar über die Elbe bei Sandau. Als Führer der Nachhut des Blücherschen Korps wurde er beim Rückzug auf Lübeck schwer verwundet und bei der Einnahme der alten Hansestadt durch die Franzosen gefangen genommen. Bei der neuen Friedensgliederung des Heeres erhielt er im Jahre 1808 den Befehl über die in Marienwerder aufgestellte Westpreußische Brigade. Eine besondere Anerkennung seiner Leistungen brachte ihm das Jahr 1810. Er wurde zum Generalinspekteur sämtlicher leichter Truppen ernannt. Als es sich bei der Mobilmachung im Jahr 1812 um Bestimmung des Befehlshabers für das Hilfskorps handelte, wandten sich aller Augen auf York, den der König mittlerweile zum Generalgouverneur der Provinz Preußen bestellt hatte. Allein die Furcht, Napoleon durch die Wahl dieses bekannt starren Preußen aufzubringen, war in Berlin so groß, daß man von seiner Person absah. Der König berief einen kaum felddienstfähigen Greis, den General von Grawert, dem der Ruf vorausging, „er sei den französischen Interessen in Europa von jeher nicht abgeneigt gewesen", auf den verantwortungsvollen Posten.

Allein, glückliche Fügung des Schicksals! Nichtsdestoweniger gelang es dem tatkräftigen, leistungsfähigen, verantwortungsfreudigen York, einen Einfluß auf die Führung des Hilfskorps zu verschaffen. Scharnhorsts Verdienst ist dies. Er stellte dem Könige vor, General Grawert könne als alter und schwacher Mann den Franzosen leicht zu viel nachgeben. Man brauche daher dort für alle Fälle einen frischen Mann von Charakter und Entschlossenheit. Ein solcher sei aber York! Er wurde daraufhin Grawert als Gehülfe und Stellvertreter im Kommando beigegeben. Da nun dieser schon wenige Wochen nach dem Ausrücken dienstunfähig wurde, so fanden die besonderen Verhältnisse, die nach dem Untergange der „großen Armee" sich hier im Norden entwickelten, glücklicherweise den richtigen Mann am richtigen Ort. Der König hatte Scharnhorsts Vorschlag um so leichter genehmigt, als York ein Mann seines vollsten Vertrauens war — hatte er ihn doch zum Erzieher des Kronprinzen ernennen wollen. Nur die barsche Erklärung Yorks, daß er hierzu nicht tauge, war für ihn Veranlassung gewesen, hiervon Abstand zu nehmen. So hatte denn auch der sonst so vorsichtige und ängstliche

Monarch sich nicht gescheut, schon im Jahre 1811, als das Kriegsgewitter heraufzog, ihm eine geheime Vollmacht zu geben, die ihn ermächtigte, in „gewissen außerordentlichen Fällen in der Provinz Preußen nach selbständiger Entscheidung zu handeln“.

Heinrich Friedrich Karl Freiherr vom und zum Stein.
Aus dem Corpus imaginum der Photogr. Gesellschaft, Berlin.

Das Bild des Mannes, der berufen sein sollte, entscheidend in die Geschicke unseres Vaterlandes einzugreifen, würde unvollständig sein, wenn unerwähnt bliebe, daß er seiner politischen Gesinnung nach ein Preuße und nur ein Preuße war. Ihm fehlte jedes Verständnis und damit jede Begeisterung für den herrlichen Gedanken eines alle Stämme umfassenden, freien, großen Deutschlands, eines deutschen Vaterlandes. Im denkbar schärfsten Gegensatz stand er damit zu einem anderen Manne, dessen Wirken nicht minder entscheidend für die Geschicke unseres Vaterlandes war, zu dem Freiherrn von Stein. Diesem ging Deutschland vor Preußen. York wußte dies. Die Folge davon war, daß er überhaupt seine Bestrebungen und politischen Neuerungen haßte, da er von ihnen Nachteile für die Entwicklung der Wehrmacht Preußens befürchtete.

Als Soldat war York ganz ausgezeichnet. In Ausbildung und Führung leistete er Außergewöhnliches. Es soll aber nicht verschwiegen werden, daß er als Untergebener ebenso unbequem wie als Vorgesetzter war. Das lag in seinem ganzen Wesen und in seinen Anlagen. Das Bild, das sein Zeitgenosse Clausewitz, ein scharfer Beobachter und Menschenkenner, von ihm gibt, muß auch der Nachwelt als zutreffend gelten: „Ein heftiger, leidenschaftlicher Wille, den er aber in anscheinender Kälte, ein gewaltiger Ehrgeiz, den er in beständiger Resignation verbirgt, und ein starker, kühner Charakter zeichnen diesen Mann aus. General York ist ein rechtschaffener Mann, aber er ist finster, gallsüchtig und versteckt . . . persönliche Anhänglichkeit ist ihm ziemlich fremd. Was er selbst tut, tut er nur seines Rufes willen und weil er von Natur tüchtig ist. Das schlimmste ist, daß er bei einer Maske von Derbheit und Geradheit im Grunde sehr versteckt ist. Er prahlt, wo er wenig Hoffnung hat, aber noch viel lieber scheint er eine Sache für verloren zu halten, wo er eigentlich wenig Gefahr sieht. Er ist aber unbedenklich einer der ausgezeichnetsten Männer unserer Armee!" Das war der Mann, in dessen Hände das Geschick Wohl und Wehe des preußischen Hilfskorps und, wie sich zeigen sollte, damit Preußens und in letzter Linie Deutschlands legte.

Mitte Dezember 1812, erst mehrere Wochen später, als das französische Hauptheer beim Uebergang über die Beresina zu einer wehr- und hülflosen Schar von Flüchtlingen zerschlagen worden war, hatte auch Mac Donald den Rückzug auf Königsberg angetreten. Die Russen waren ihm langsam gefolgt. Bei dem aus der Aufstellung um Riga sich ergebenden staffelweisen Abmarsch gelang es den Russen, unter Diebitsch, sich zwischen York und die vorhermarschierenden Teile des Korps, die Mac Donald begleitete, zu schieben. Yorks Marschstraße war gesperrt! An den preußischen General trat damit die Frage heran, was nun tun. Die Antwort schien sehr einfach: schleunigster, wuchtiger, wo möglich überraschender Angriff auf den Feind, um sich durchzuschlagen oder mit Ehren unterzugehen! York kam zu einem anderen Entschluß. Wie kam das? Fehlte es ihm zu diesem schwierigen Unternehmen an Entschlossenheit? Oder scheute er gar die Opfer, die ein solcher Kampf fordern mußte? Nichts von alledem! Solche Bedenken hatten in dem Geist eines Soldaten wie York keinen Raum. Ganz andere Erwägungen waren es, die hier seinen Entschluß beeinflußten, Erwägungen, die die Gebote der militärischen Pflicht allein nicht ausschlaggebend sein ließen.

Schon im Herbst hatte der russische Oberkommandierende in Kurland, General Essen, York zum offenen Abfall von den Franzosen zu veranlassen gesucht. Er knüpfte an das, wie ihm bekannt, sehr gespannte Verhältnis zwischen dem französischen kommandierenden General und dem Führer des preußischen Korps an und suchte dies zu benutzen, um letzteren seinem Anerbieten gefügig zu machen. Man tut, so glaube ich, York nicht unrecht, wenn man behauptet, daß dieser Essens Vorschlag in seinem Innern nicht völlig verworfen habe. Auf dasselbe einzugehen, hielt er damals jedenfalls noch nicht den Zeitpunkt für gekommen. Erst hieß es abwarten, wie die Entscheidung im Kampf zwischen den Hauptarmeen fallen werde. Diese war nun eingetreten! Sofort wurde denn auch, wie zu erwarten war, das Anerbieten durch den Nachfolger Essens, den in russischen Diensten stehenden Italiener Paulucci, erneuert. Er beschwor York, „im Namen der Menschheit, im Namen Ihres Vaterlandes, im Namen Ihres eigenen Ruhmes auf eigene Verantwortung von einer weiteren Unterstützung der französischen Sache abzustehen". Als er mit ganz bestimmten Vorschlägen an ihn herantrat, lehnte dieser sie selbst zwar nochmals ab, machte aber das sehr wichtige Zugeständnis, sie an seinen König übermitteln zu wollen; Voraussetzung dazu sei jedoch, daß sie vom Zar selbst ausgingen. Ohne noch die Antwort Pauluccis abzuwarten, sandte er sofort seinen Adjutanten Seydlitz nach Berlin, um baldigst zu erfahren, wie der König angesichts der Vernichtung der französischen Armee sich zu den russischen Anerbietungen stelle. Dies war schon deswegen geboten, da Friedrich Wilhelm, allerdings schon ein halbes Jahr früher, also unter ganz anderen Verhältnissen, durch seinen Adjutanten Wrangel insgeheim York den Befehl gesandt hatte, mit dem Korps im Falle eines Rückzuges der Franzosen sich von diesen zu trennen und nach Graudenz zu marschieren. Die Tore dieser Festung sollten beiden Parteien, den Franzosen und den Russen, verschlossen bleiben.

Noch war Seydlitz nicht zurück, als die Russen das preußische Hilfskorps von den anderen Teilen des Korps Mac Donald getrennt hatten.

Fassen wir die Lage noch einmal kurz zusammen, wie sie am Heiligen Abend des Jahres 1812 war. Dem noch 15000 Mann starken, völlig schlagfertigen preußischen Korps haben sich starke, wenn auch nicht überlegene russische Kräfte auf seiner Marschstraße vorgelegt. Ein Entsatz durch den weiter auf Königsberg im Marsch gebliebenen Mac Donald, mit dem jede Verbindung unterbrochen, ist nicht zu erwarten. Der Weitermarsch ist ohne schweren Kampf, nach dem selbst bei günstigstem Ausgang die Artillerie und die Trains zweifellos verloren gehen, unausführbar. Durch eine Kapitulation, die der Truppe Waffen und Gepäck beläßt, kann das kleine Heer Preußen erhalten werden, und, greift es gegen Frankreich zu den Waffen, große Dienste leisten. Allerdings, gab Rußland sich mit der Abwehr des Angriffs Napoleons zufrieden und setzte es den Krieg nicht fort, so hatte der König das Verlassen der französischen Sache durch York zu büßen. Der Korse würde einen willkommenen Vorwand gefunden haben, das ihm so verhaßte Preußen völlig zu vernichten. Was der König wollte, wußte man nicht, Seydlitz war noch immer nicht zurück. Die Umstände drängten. Gehandelt mußte werden. Kampf oder Waffenstreckung! —

Es kam nun zunächst, am Weihnachtsabend 1812, zu einer Zusammenkunft zwischen York und Diebitsch. Ueber eine allgemeine Besprechung der Lage und unverbindliche Vereinbarungen kam es jedoch hierbei noch nicht hinaus, weil man jeden Augenblick die Rückkehr von Seydlitz erwartete. Da traf nun am 26. Dezember die Antwort Pauluccis ein: Kaiser Alexander erkläre, nicht eher die Waffen niederlegen zu wollen, bis Preußen die Machtstellung wiedergewonnen habe, die es 1806 innegehabt hatte. Diese Benachrichtigung machte bei York allen Ueberlegungen und Bedenken ein Ende. Er war entschlossen, das Unterordnungsverhältnis zu den Franzosen sofort zu lösen. Er sandte den Brief an den König weiter und meldete gleichzeitig, er sei von Mac Donald getrennt. Er werde wohl, solle das Korps dem König erhalten bleiben, dazu genötigt sein, einen Waffenstillstand mit den Russen abzuschließen. Die Meldung schloß mit den Worten: „Der Gedanke, mir vielleicht die Unzufriedenheit Ew. Majestät zuzuziehen, macht mich sehr unglücklich. Ueber alles Uebrige bin ich einig mit mir selbst!" Nun traf auch Seydlitz am 28. ein; er brachte eine Weisung mit, die York für alle Entschließungen Freiheit ließ, nämlich die, „nach Umständen zu handeln". Damit war auch das letzte äußerliche Hindernis, den Entschluß in die Tat umzusetzen, gefallen. Mein Kriegsherr und König überläßt mir alles? Gut, ich handle und nehme gern die alleinige Verantwortung für einen Schritt auf mich, den ich als Soldat nicht billigen darf.

Man kann sich so recht den Kampf, der in der Brust eines Mannes wie York tobte, vorstellen. Beendet wurde er vor der Außenwelt in bezeichnender Weise infolge einer Aeußerung seines Stabschefs v. Roeder. Als der General ihn fragte, wie er die Lage ansehe, antwortete dieser: „Für den König, den Staat, die Armee würde der Abschluß einer Konvention ohne Zweifel von großem Vorteil sein. Für Ihre Person aber würde der Schritt sehr gefährlich sein." „Was," fuhr York auf, „meine Person? Für meinen König gehe ich aufs Schafott! Ich schließe ab!" Raschen Schritts ging er auf den anwesenden Vertrauten Diebitschs, Oberst von Clausewitz, los: „Ihr habt mich; sagt dem General Diebitsch, daß wir uns morgen früh auf der Mühle von Poscherun sprechen wollen und daß ich fest entschlossen bin, mich von den Franzosen zu trennen. Um 8 Uhr pünktlich!"

Den zur Befehlsausgabe sich einfindenden Offizieren teilte er sofort seine Absicht mit. Ich habe mir noch aus dem Munde eines derselben die Spannung schildern lassen können, als York zu sprechen anfing: „Das französische Heer ist durch Gottes strafende Hand vernichtet! Es ist der Zeitpunkt gekommen, da wir unsere Selbständigkeit wiedergewinnen können, wenn wir uns jetzt mit dem russischen Heere vereinigen. Wer so denkt wie ich, sein Leben für das Vaterland und die Freiheit hinzugeben, der schließe sich mir an. Wer das nicht will, der bleibe zurück. Gelingt unser Vorhaben, so wird der König mir vielleicht meinen Schritt vergeben. Geht es mißlich, so ist mein Kopf verloren. In diesem Falle bitte ich meine Freunde, sich meiner Frau und meiner Kinder anzunehmen." Der Bann war gebrochen, jubelnd verbreiteten die Offiziere den Entschluß ihres Führers. Hellauf loderte die Flamme der Begeisterung in den Herzen der Truppe, die nun hoffte, bald die Waffen gegen den Bedrücker des Vaterlandes wenden zu können.

Am 30. Dezember gegen 8 Uhr morgens sah man zwei Gruppen von Offizieren von entgegengesetzter Seite sich der bei Tauroggen gelegenen schlichten Poscheruner Windmühle nähern: York mit Roeder und Seydlitz von der preußischen, Diebitsch, Clausewitz, Graf Dohna von der russischen. Ein merkwürdiges Zusammentreffen, alles geborene Preußen! Innerlich über das Wesentliche längst einig, fand man die äußere Form schnell. In wenigen Viertelstunden war eine Uebereinkunft folgenden Inhalts geschlossen: Das preußische Korps wird von jetzt ab neutral sein. Es marschiert unbehelligt in den Landstrich zwischen Memel, Tilsit und dem Haff. Sollte dieser Vertrag vom Könige von Preußen, von dem ja keine Vollmacht zum Abschluß vorliegt, nicht gebilligt werden, so solle das Korps freien Abzug haben, aber zwei Monate lang nicht gegen die Russen kämpfen dürfen.

Es war eine folgenschwere, in Preußens Heeresgeschichte unerhörte Tat: durch ein militärisch nicht zu rechtfertigendes Abkommen hatte ein General auf eigene Faust die Partei im Krieg gewechselt. Gewaltig wie die Tat selbst waren ihre Folgen. Mit ihr beginnt die Erhebung Deutschlands zur Befreiung vom Joche der Franzosen. Müssen wir angesichts dieses nicht demütig die Wege der göttlichen Vorsehung als wunderbar anerkennen? Nicht eines gekrönten Hauptes mit seiner Machtfülle, nein, eines über wenige Tausende gesetzten Führers bedient sich Gott der Herr, um eine weltgeschichtliche Umwälzung herbeizuführen. Und weiter, wie merkwürdig! man muß es eine Ironie des Schicksals nennen, daß gerade der Mann, der selbst jeder Begeisterung unfähig und abhold war, der gallige, finstere Altpreuße, Anstoß zur Entfachung der größten Begeisterung geben mußte, die je Deutsche ergriff; daß der überzeugte Vertreter eisernster Manneszucht, der strenge Soldat, in vollem Bewußtsein eigenmächtig das Gebot militärischer Unterordnung übertrat und dadurch Tausende und aber Tausende unter militärischen Gehorsam zwang!

Die Würfel waren gefallen. Ein Zurück gab es auf dem Wege, den York eingeschlagen, nicht mehr! Ohne die Genehmigung des Königs abzuwarten, wurde der Marsch in den vereinbarten Unterkunftsraum angetreten. An Mac Donald erging von York die Mitteilung, daß von nun an die preußischen Truppen ein neutrales Korps bilden und sich gegen keine Partei Feindseligkeiten erlauben würden. „Die kommenden Ereignisse, Folgen der

Verhandlungen, die zwischen den Krieg führenden Mächten stattfinden müssen, werden über ihr künftiges Schicksal entscheiden.“ Seinem Kriegsherrn erstattete der General über das, was er vereinbart hatte, noch am Tage des Abschlusses des Vertrages selbst Meldung. Sie schließt mit den Worten: „Die Konvention läßt Ew. Majestät in Höchstihren Entschließungen freien Willen. Sie erhält aber Ew. Majestät ein Truppenkorps, was der alten oder einer etwaigen neuen Allianz Wert gibt und Allerhöchstdieselben nicht unter die Willkür eines Alliierten setzt, von dem Sie die Erhaltung oder Rehabilitierung Ihrer Staaten als Geschenk ansehen müßten. Ew. Majestät lege ich willig meinen Kopf zu Füßen, wenn ich gefehlt haben sollte. Ich würde mit der freudigen Beruhigung sterben, wenigstens nicht als treuer Untertan und wahrer Preuße gefehlt zu haben. Jetzt oder nie ist der Zeitpunkt, wo Ew. Majestät sich von den übermütigen Forderungen eines Alliierten losreißen können, dessen Pläne mit Preußen in ein mit Recht Besorgnis erregendes Dunkel gehüllt waren, wenn das Glück ihm treu geblieben wäre. Diese Ansicht hat mich geleitet! Gebe Gott, daß sie zum Heile des Vaterlandes führe.“ Und noch eindrucksvoller schließt ein am 3. Januar 1813 von Tilsit an den König gerichteter ausführlicher Bericht: „Ich erwarte nun sehnsuchtsvoll den Ausspruch Ew. Majestät, ob ich gegen den wirklichen Feind vorrücken soll oder ob es die politischen Verhältnisse erheischen, daß Ew. Majestät mich verurteilen. Beides werde ich mit treuer Hingebung erwarten, und ich schwöre Ew. Königl. Majestät, daß ich ebenso ruhig auf dem Sandhaufen wie auf dem Schlachtfelde, auf dem ich grau geworden, die Kugel erwarten werde.“

Wie wurde die Nachricht von Mac Donald, wie vom König aufgenommen? York war aus dem kurzen Feldzuge her seinem Oberbefehlshaber als ein so pflichtgetreuer Offizier bekannt, daß er von ihm auf alles eher, als auf eine offene Aufkündigung des Gehorsams gefaßt war: „Das hätte ich York nie zugetraut, seinen General, seinen König zu verlassen.“ Verrat nannte er Yorks Handlung, und als Soldat nicht mit Unrecht.

Des Königs erstes Gefühl beim Eintreffen der Meldung von der eigenmächtigen, ihn vor einen Konflikt mit unabsehbaren Folgen stellende Tat des bei ihm im höchsten Vertrauen stehenden Generals war Ueberraschung. Sie wandelte sich bald in Bestürzung, da die eingehenden Berichte erkennen ließen, daß das halb erhoffte, halb befürchtete Vorgehen Yorks sich Napoleon gegenüber aus der militärischen Lage nicht würde rechtfertigen lassen. Durch Genehmigung des Vertrages das, was er enthielt, öffentlich gutheißen, konnte der König also nicht, ihn verwerfen wollte er aber nicht.

Karl August von Hardenberg.
Aus dem Corpus imaginum der Photogr. Gesellschaft, Berlin.

So kam es zu einem vom Kanzler von Hardenberg mit unleugbarem Geschick in Szene gesetzten Doppelspiel: In Paris ließ man beteuern, man finde Yorks Handlungsweise unerhört. In die Zeitungen brachte man die Nachricht von seiner Absetzung. An den beim Hilfskorps befindlichen General von Kleist gingen tatsächlich entsprechende Weisungen ab. Sie erreichten durch Gefangennahme des Ueberbringers durch die Russen ihre Bestimmung nie. Gleichzeitig aber benachrichtigte man durch einen zweiten Boten York, daß diese Weisungen nur zur Irreführung Napoleons ergangen seien. Er habe sich unter den Schutz des Kaisers Alexander zu stellen. Diesem wurde im geheimen zu gleicher Zeit ein Bündnis angetragen. Wie der König seinen Schritt wirklich beurteile und wie er durch ihn sein weiteres Verhalten beeinflussen lassen werde, darüber ließ er zunächst York noch völlig im unklaren. Mancher hätte vielleicht an Yorks Stelle hierauf gewartet — anders unser Held. Durch eigenes, weiteres folgerichtiges Handeln zerreißt er entschlossen den Vorhang der Ungewißheit. „Mit blutendem Herzen," so kennzeichnet er selbst, wie ihm zumute ist, störte er sich an kein Unterordnungsverhältnis mehr und begann den Krieg gewissermaßen auf eigene Faust. Zunächst setzte er unter Nichtbeachtung der eben abgeschlossenen Uebereinkunft seine Truppen auf Königsberg in Marsch. Wie er sich die nächste Zeit dachte, läßt ein Schreiben an den an der Weichsel befehligenden General von Bülow erkennen: „Die Armee will den Krieg," heißt es in ihm, „das Volk will ihn, der König will ihn, aber er hat keinen freien Willen. Die Armee muß ihm diesen Willen freimachen. Ich werde in kurzem mit 50000 Mann bei Berlin und an der Elbe sein. An der Elbe werde ich meinem König sagen: «Hier, Sir, ist die Armee und hier ist mein alter Kopf.»" In Königsberg angekommen, besann er sich dann sofort darauf, daß er noch Generalgouverneur der Provinz Preußen war. Kraft dieses Amtes ordnete er eine Aushebung zur Verstärkung seines Korps an. Eine unerwartete Unterstützung erwuchs ihm aus dem Eintreffen Steins, seines Gegners. Dieser war Träger einer Vollmacht Kaiser Alexanders. Sie ermächtigte ihn, „vorläufige Maßregeln in der Aufsicht und Leitung zu treffen, um die Provinzialbehörden zu leiten und die Hilfsquellen des Landes zugunsten der guten Sache nutzbar zu machen". Ganz im Sinne Yorks übte er diese aus. Ein merkwürdiger Zustand! Da der Landesherr sich zu keiner entscheidenden Tat aufzuraffen vermochte, schalten und walten zwei Männer in dieser Provinz, als ob es keinen König von Preußen mehr gebe — York und Stein; der eine, ein für die Oeffentlichkeit wegen Ungehorsam abgesetzter General, ein „nur Preuße", wie ihn seine Zeitgenossen nennen; der andere ein auf Napoleons Geheiß vom deutschen Boden verbannter, in russische Dienste getretener Staatsmann, ein Westdeutscher, dem Deutschland vor

Preußen ging. Die beiden sich hassenden Männer einigte aber in ihren Maßnahmen ein Ziel. Arndt nennt es: „Erhebung und Aufstand des ganzen deutschen Volkes gegen den bösesten Feind, alsbaldiges Bündnis zwischen Kaiser Alexander und Friedrich Wilhelm und dann geschwindester Marsch über Weichsel und Oder bis zur Elbe und zum Rhein."

Am 5. Januar 1813 erscheint York im Preußischen Landtage, der nach Königsberg einberufen war, um die Rüstungen zu beschleunigen. „Ich hoffe die Franzosen zu schlagen, wo ich sie finde. Ich rechne hierbei auf die kräftige Teilnahme aller. Ist die Uebermacht zu groß," so schloß er, „so werden wir ruhmvoll zu sterben wissen." Ob je eine Rede mit größerem Jubel aufgenommen worden ist? Und man ließ es nicht bei Worten bewenden! Schon am 7. Januar ergingen die Bestimmungen für die Aufstellung einer Landwehr und eines Landsturms. In erstere waren zum Eintritt verpflichtet alle Männer zwischen 18 und 40 Jahren, außer den Gebrechlichen, den Geistlichen und Lehrern. Bekleidung und Ausrüstung liefern die Gemeinden, Waffen der Staat. Die Volksbewaffnung war damit in die Wege geleitet. Wie Gewaltiges die Provinz mit ihrer Bevölkerung von 1250000 Seelen leistete, predigen der Nachwelt folgende Zahlen: Zur Einreihung in das Korps York wurden ausgehoben 9000 Mann, 4000 meldeten sich zum freiwilligen Eintritt, 20000 wurden in die Landwehr eingereiht. An Geld wurden in kürzester Zeit über 1000000 Taler von dem an sich armen, dabei ausgeraubten Lande aufgebracht. Gewiß ist diesen Anstrengungen nur das höchste Lob zu zollen. „Wahrlich, kein Land," schreibt Arndt, „war gleich Preußen durch die Durchzüge der französischen Heere, durch den Raub von Geld, Menschen, Pferden und Rindern fast mit berechneter Bosheit und Tücke vor dem großen russischen Feldzug so mitgenommen und ausgeleert worden wie Preußen, und doch — jetzt belebte und bewegte sich alles, als wenn jüngstes, vollstes Leben, ja die Fülle des Lebens und der Kraft noch dagewesen wäre."

Der mutvollen Tat eines einzelnen war schon die Erhebung einer ganzen Provinz gefolgt. „Die York'sche Konvention," schrieb Minister von Schön, „wäre ein Schattenspiel geblieben, wenn der Landtag nicht so war, wie er war. Er gab ihr erst das Fundament und die Kraft." Dies der Provinz Preußen unvergängliches Verdienst!

Mit unmittelbarem Machtzuwachs nicht zufrieden, warb York Genossen für den gefahrvollen Weg, den er beschritten. General von Bülow forderte er schriftlich auf, mit ihm gemeinsame Sache zu machen. Dieser ging zunächst nicht darauf ein. Allein der Brief veranlaßte ihn, sich auch seinerseits an den König zu wenden. Solle Preußen nicht untergehen, so stellte er ihm vor, heiße es jetzt, die kurze Spanne Zeit, die Napoleon vielleicht noch lasse, zu benutzen zum Aufbieten des letzten Mannes. „Ew. Majestät stehen immer noch sehr bedeutende Streitkräfte zu Gebote. Vereinigen Sie diese mit den russischen, so ist mit Gewißheit zu erwarten, daß man in kurzem bis an die Ufer des Rheines vordringen könne." Seinen Bitten schloß sich nach einigem Sträuben auch der in Kolberg befehligende General von Borstell an. Man solle doch nicht auf Oesterreich warten, seine Truppen verlangten ungestüm, gegen die Franzosen geführt zu werden!

Es muß zunächst wunderbar erscheinen, daß all dieses den König nicht zu einem entscheidenden Schritt zu veranlassen vermochte. Gewiß war Friedrich Wilhelm kein Mann von starkem Willen und großer Entschlossenheit, aber sein Zögern erklärt sich zum Teil auch durch seine nun einmal nicht zu erschütternde Ansicht, daß des Schlachtenkaisers Genialität nur durch eine erdrückende Uebermacht gelähmt werden könne. Oesterreich, Preußen und Rußland vereinigt, verfügten über eine solche! Allein, Oesterreich schien sich zum Losschlagen jetzt noch nicht entscheiden zu wollen. — Glaubte Friedrich Wilhelm wirklich noch daran, daß ein annehmbarer Friede zustande kommen werde? Fast ist man versucht, dies zu glauben, denn sonst versteht man nicht, daß er die Aufforderung Napoleons, bei dem Bündnis zu bleiben und das Hilfskorps zu verstärken, nicht sofort als erwünschten Vorwand zur allgemeinen Mobilmachung benutzte.

Man kann sich die Ungeduld und die Verzweiflung aller Vaterlandsfreunde denken, daß nichts für die Vermehrung der Streitkräfte geschah. „Kleine Staaten," schreibt Scharnhorst bitter, „können mit einem leidenden Verhalten durchkommen, größere gehen ohne innere Kraftanstrengung zugrunde."

Erst am 12. Januar wurden vom König die ersten Befehle für allgemeine Rüstungen erlangt. Hardenberg hatte nämlich mittlerweile nun auch eingesehen, daß das Zaudern ein Ende nehmen müsse. Es war ihm aber auch klar, daß sein königlicher Herr nicht zu einem entschieden franzosenfeindlichen Schritt, zum offenen Anschluß an Rußland zu bewegen sein werde, ehe er sich nicht völlig freifühle. Es mußte also erreicht werden, daß der König die noch immer von den Franzosen besetzte Hauptstadt verließ. Man schreckte ihn mit der Möglichkeit eines Handstreichs der Fremden gegen seine Person. Das hatte Erfolg! Am 22. Januar reiste er nach Breslau ab.

Als er am 25. Januar in Schlesiens Hauptstadt ankam, hatte York den Vormarsch gegen Westen schon angetreten; in Konitz hatte er sich mit Bülow vereinigt. Ihnen schloß sich nun auch Borstell an. Die Kosaken erscheinen bereits vor Berlin.

Man sieht, wie der kühne Wurf Yorks immer weitere und stärkere Kreise gezogen hatte. Alles, was von preußischen Truppen östlich der Oder stand, hatte, ohne des Königs Befehl abzuwarten, den Marsch nach Westen angetreten. Die ganze Armee rüstete sich zum Kampf!

Der preußische Frühling war angebrochen.

Der Aufruf „An mein Volk“

Wer gehofft hatte, daß der König seinem Weggang aus dem Bereiche der französischen Bajonette sofort die Kriegserklärung an Napoleon werde folgen lassen, wurde sehr enttäuscht! Friedrich Wilhelm zögerte weiter! Aengstlich wie von Berlin, sah der König nun auch von Breslau nach Wien herüber, was dort wohl beschlossen werde. Daß er durch eigenes energisches Vorgehen Oesterreich mit sich fortreißen werde, daran dachte er nicht. Ohne den Kaiserstaat, mit Rußland allein gegen Frankreich zu marschieren, davon hielt ihn ein gewisses Mißtrauen gegen die Absichten seines Nachbarn im Osten zurück. Er befürchtete, daß schließlich trotz aller Versicherungen des Zaren Preußens Opfer nur zu Rußlands Nutzen gebracht sein könnten. So verging wieder Woche auf Woche in Warten, Zaudern, Ueberlegen, Bedenken. Erst als Kaiser Alexander nochmals schrieb, er werde die Waffen dann erst niederlegen, wenn Preußen den alten Glanz und die alte Macht wiedergewonnen habe, entschloß der König sich zu Verhandlungen über ein Bündnis. Sie wurden zuerst in Kalisch, wo mittlerweile das russische Hauptquartier eingetroffen war, dann in Breslau geführt. Als die russischen Unterhändler mit Stein an der Spitze hier ankamen, fanden sie wider Erwarten nicht mehr viel zu tun. Der Tatsachen Gewalt hatte in wenigen Wochen erreicht, woran monatelang Menschenwort vergeblich gearbeitet hatte. Schon vor ihrer Ankunft am 22. Februar hatte der König sich zum Kriege gegen Napoleon entschlossen.

Was war geschehen?! Die Kraft des ganzen Volkes war nach und nach zu den Waffen gerufen worden – sie drängte unwiderstehlich zum Krieg. Dem Rüstungsbefehl vom 12. Januar, der die Krümper einbeorderte, war am 3. Februar der Erlaß über Errichtung von „Jäger=Detachements“ gefolgt. Er forderte alle, die vom Dienst befreit und wohlhabend genug waren, um sich selbst zu bekleiden und beritten zu machen, zum freiwilligen Eintritt auf. Man zog dadurch Angehörige der besseren Stände zur geistigen Hebung des Heeres heran. Sie mit den Ausgehobenen zusammen einzustellen, scheute man sich. Man bildete daher aus ihnen eigene Abteilungen, die den Linientruppen angegliedert wurden: „Kein junger Mann,“ heißt es in der Urkunde, „welcher jetzt 17 Jahre erreicht und noch nicht das 24. zurückgelegt hat und in keinem aktiven königlichen Dienst steht, kann, wenn der Krieg fortgesetzt werden sollte, zu irgend einer Stelle, einer Würde, einer Auszeichnung kommen, wenn er nicht ein Jahr bei den aktiven Truppen oder in diesen Jäger=Detachements gedient hat.“ So hoffte man ferner zu einer schnellen Vermehrung der Truppen ohne großen Kostenaufwand zu kommen. Weiter: Am 9. Februar hatte der König alle Befreiungen von der Verpflichtung zum persönlichen Waffendienst, zunächst nur für den bevorstehenden Krieg, aufgehoben. Scharnhorsts Gedanke, die allgemeine Wehrpflicht, war dadurch endlich verwirklicht. Durch die schließlich am 12. Februar befohlene Mobilmachung der schlesischen und pommerschen Truppen, war nun die ganze Armee auf den Kriegsfuß gebracht; denn in der Mark standen keine Truppen mehr, und für die in Preußen hatte York, wie wir sahen, vorgegriffen. Die treibende Kraft in dieser, den Bruch mit Napoleon schließlich unvermeidlich machenden Entwicklung der Kriegsbereitschaft war Scharnhorst. Der König wurde von den Verhältnissen einfach mit fortgerissen. „Er ist nicht mehr imstande,“ so schreibt ein Zeitgenosse, „die Begeisterung zurückzudrängen, die sich fast aller Gemüter bemächtigt hat und sich auf wahrhaft achtungswerte Weise kund tut.“ Wie die Stimmung in dieser Zeit der höchsten Spannung im Lande war, darüber klärt ein Bericht des englischen Gesandten am preußischen Hofe auf: „Wenn sich der König weigert, die Mittel anzuwenden, die ihm seine Untertanen nach dem allgemeinen Wunsch der Nation zur Verfügung gestellt haben, wenn er nur zögert, die Anstrengungen zu unterstützen, die Rußland macht, um die preußische Monarchie wiederherzustellen, so sehe ich die Revolution als unausbleiblich an, und vielleicht würde die Armee selbst dazu das Beispiel und das erste Zeichen geben!“

So sah es aus, als Stein am 25. Februar mit dem Vertragsentwurf am königlichen Hoflager erschien. Einen günstigeren Boden für die

Verhandlungen konnte er nicht finden. Es wurde denn auch schon am 27. Februar das Bündnis zwischen Preußen und Rußland geschlossen. Am 28. wurde es vom Zaren unterzeichnet: er hatte vorher nochmals die Versicherung abgegeben, er werde die Waffen nicht niederlegen, ehe nicht Preußen die Stellung, die es vor 1806 innegehabt hatte, wiedererlangt habe.

Noch war der Krieg nicht an Frankreich erklärt, und schon brauste es wie ein Sturm durch das ganze Land, „das Volk stand auf“. Ein Geist, der außergewöhnliche Taten zeitigen mußte, hatte alles ergriffen, alt und jung, hoch und niedrig, reich und arm. Tage größerer Begeisterung hat Preußen nie gesehen; Tage, von denen man mit Recht sagen kann, daß von ihnen eine stärkende sittliche Wirkung ausgegangen ist, die wir heute noch, nach 100 Jahren, verspüren. Es entstand eine Volksbewegung in des Wortes vollster Bedeutung. „Das Volk war bereit,“ so heißt es, „mit Strömen von Blut seine Ehre und Selbständigkeit wiederzuerkämpfen.“ „Das Volk hat fast nichts mehr zu verlieren, die Regierungen können die Gewalt der allgemeinen Meinung nicht mehr zügeln.“ „Fast einstimmig ist der Ruf, daß der König das Joch der Fremdherrschaft abschütteln möge,“ schreibt der österreichische Botschafter an seinen Kaiser. „Die patriotischen Opfergaben an Menschen und Geld, die aus allen Provinzen kommen, lassen alle Erwartungen der Regierung weit hinter sich. Da ist keiner, der nicht beflissen wäre, Proben der edelsten Hingebung an den Tag zu legen. Jeden Tag kommen Rekruten und Krümper an, die Freiwilligen strömen nach wie vor hinzu.“ „In Berlin,“ schreibt Gneisenau „haben sich 11 000 Mann junger Leute eingestellt, um dem Ruf der Regierung zu folgen. Die Universitäten sind auseinander gegangen. Die jungen Leute derselben treten unter die Waffen. Die oberen Klassen der Gymnasien sind verlassen, sogar die Universität Göttingen und andere Universitäten liefern uns Rekruten. Kinder der reichsten Familien strömen herbei und nehmen als Gemeine Dienst. — Es ist rührend, alle die Söhne des Adels und höheren Bürgerstandes von der feinsten Bildung als Gemeine in den zahlreichen Jägerkompagnien eingestellt zu sehen, wo sie sich selbst bekleiden, bewaffnen und besolden. Es herrscht ein herrlicher Enthusiasmus.“

Alles dieses geschah unter den Augen der französischen Besatzungen, des französischen Gesandten. Es entging diesem, einem Herrn von St. Marsan, nicht, daß diese Kriegsvorbereitungen ein anderes, höheres Ziel hatten als, wie es amtlich hieß, „die Erhaltung der Selbständigkeit und Schutz des von den Franzosen und den Russen unbesetzten preußischen Gebiets“. Napoleon konnte zunächst nicht viel dagegen einwenden, hatte er doch selbst preußische Hilfe zur Weiterführung des Krieges gefordert; jedoch

Zug der Freiwilligen nach Breslau.
Stich von Meno Haas. (Berliner Kupferstichkabinett.)

von Tag zu Tag wurden ihm diese Rüstungen verdächtiger. „Der Aushebung in Preußen muß Einhalt geschehen!“ schrieb er am 10. Februar an seinen Gesandten. Er wollte aber trotz alledem nicht daran glauben, daß der König jetzt noch losschlagen werde. Dafür habe er den günstigen Augenblick verpaßt, meinte er. Was die Stimmung des Volkes betraf, nun, die verachtete er. Er sollte bald sie schätzen lernen!

Die Ereignisse folgten sich nun Schlag auf Schlag. An die Unterzeichnung des Bündnisses schlossen sich militärische Abmachungen. Die preußischen und russischen Kräfte sollten gemeinsam den Marsch gegen die Elbe antreten.

Schlesische privilegirte Zeitung.

No. 34. Sonnabends den 20. März 1813.

Se. Majestät der König haben mit Sr. Majestät dem Kaiser aller Reußen ein Off- und Defensiv-Bündniß abgeschlossen.

An Mein Volk.

So wenig für Mein treues Volk als für Deutsche, bedarf es einer Rechenschaft, über die Ursachen des Kriegs welcher jetzt beginnt. Klar liegen sie dem unverblendeten Europa vor Augen.

Wir erlagen unter der Uebermacht Frankreichs. Der Frieden, der die Hälfte Meiner Unterthanen Mir entriß, gab uns seine Segnungen nicht; denn er schlug uns tiefere Wunden, als selbst der Krieg. Das Mark des Landes ward ausgesogen, die Hauptfestungen blieben vom Feinde besetzt, der Ackerbau ward gelähmt so wie der sonst so hoch gebrachte Kunstfleiß unserer Städte. Die Freiheit des Handels ward gehemmt, und dadurch die Quelle des Erwerbs und des Wohlstands verstopft. Das Land ward ein Raub der Verarmung.

Durch die strengste Erfüllung eingegangener Verbindlichkeiten hoffte Ich Meinem Volke Erleichterung zu bereiten und den französischen Kaiser endlich zu überzeugen, daß es sein eigener Vortheil sey, Preußen seine Unabhängigkeit zu lassen. Aber Meine reinsten Absichten wurden durch Uebermuth und Treulosigkeit vereitelt, und nur zu deutlich sahen wir, daß des Kaisers Verträge mehr noch wie seine Kriege uns langsam verderben mußten. Jetzt ist der Augenblick gekommen, wo alle Täuschung über unsern Zustand aufhört.

Brandenburger, Preußen, Schlesier, Pommern, Litthauer! Ihr wißt was Ihr seit fast sieben Jahren erduldet habt, Ihr wißt was euer trauriges Loos ist, wenn wir den beginnenden Kampf nicht ehrenvoll enden. Erinnert Euch an die Vorzeit, an den großen Kurfürsten, den großen Friedrich. Bleibt eingedenk der Güter, die unter ihnen unsere Vorfahren blutig erkämpften: Gewissensfreiheit, Ehre, Unabhängigkeit, Handel, Kunstfleiß und Wissenschaft. Gedenkt des großen Beispiels unserer mächtigen Verbündeten der Russen, gedenkt der Spanier, der Portugiesen. Selbst kleinere Völker sind für gleiche Güter gegen mächtigere Feinde in den Kampf gezogen und haben den Sieg errungen. Erinnert Euch an die heldenmüthigen Schweitzer und Niederländer.

Große Opfer werden von allen Ständen gefordert werden: denn, unser Beginnen ist groß, und nicht geringe die Zahl und die Mittel unserer Feinde. Ihr werdet jene lieber bringen, für das Vaterland, für Euren angebornen König, als für einen fremden Herrscher, der wie so viele Beispiele lehren, Eure Söhne und Eure letzten Kräfte Zwecken widmen würde, die Euch ganz fremd sind. Vertrauen auf Gott, Ausdauer, Muth, und der mächtige Beistand unserer Bundesgenossen, werden unseren redlichen Anstrengungen siegreichen Lohn gewähren.

Aber, welche Opfer auch von Einzelnen gefordert werden mögen, sie wiegen die heiligen Güter nicht auf, für die wir sie hingeben, für die wir streiten und siegen müssen, wenn wir nicht aufhören wollen, Preußen und Deutsche zu seyn.

Es ist der letzte entscheidende Kampf den wir bestehen für unsere Existenz, unsere Unabhängigkeit unsern Wohlstand; keinen andern Ausweg giebt es, als einen ehrenvollen Frieden oder einen ruhmvollen Untergang. Auch diesem würdet Ihr getrost entgegen gehen um der Ehre willen, weil ehrlos der Preuße und der Deutsche nicht zu leben vermag. Allein wir dürfen mit Zuversicht vertrauen: Gott und unser fester Willen werden unserer gerechten Sache den Sieg verleihen, mit ihm einen sicheren glorreichen Frieden und die Wiederkehr einer glücklichen Zeit.

Breslau den 17. März 1813. Friedrich Wilhelm.

An Mein Kriegesheer.

Vielfältig habt Ihr das Verlangen geäußert, die Freiheit und Selbstständigkeit des Vaterlandes zu erkämpfen. — Der Augenblick dazu ist gekommen! — Es ist kein Glied des Volkes, von dem es nicht gefühlt würde. Freiwillig eilen von allen Seiten Jünglinge und Männer zu den Waffen. Was bei diesen freier Wille, das ist Beruf für Euch, die Ihr zum stehenden Heere gehört. Von Euch — geweiht das Vaterland zu vertheidigen — ist es berechtigt zu fordern, wozu Jene sich erbieten.

Seht! wie so Viele Alles verlassen, was ihnen das Theuerste ist, um ihr Leben mit Euch für des Vaterlandes Sache zu geben. — Fühlt also doppelt Eure heilige Pflicht! Seyd Alle ihrer eingedenk am Tage der Schlacht, wie bei Entbehrung, Mühseligkeit und innerer Zucht! Des Einzelnen Ehrgeiz — er sey der Höchste oder der Geringste im Heere — verschwinde in dem Ganzen: Wer für das Vaterland fühlt, denkt nicht an sich. Den Selbstsüchtigen treffe Verachtung, wo nur dem allgemeinen Wohl es gilt. Diesem weiche jetzt Alles. Der Sieg geht aus von Gott! Zeigt Euch seines hohen Schutzes würdig durch Gehorsam und Pflichterfüllung. Muth, Ausdauer, Treue und strenge Ordnung sey Euer Ruhm. Folgt dem Beispiel Eurer Vorfahren; seyd ihrer würdig und Eurer Nachkommen eingedenk!

Gewisser Lohn wird treffen den, der sich auszeichnet; tiefe Schande und strenge Strafe den, der seiner Pflicht vergißt!

Euer König bleibt stets mit Euch; mit Ihm der Kronprinz und die Prinzen Seines Hauses. Sie werden mit Euch kämpfen — Sie und das ganze Volk werden kämpfen mit Euch, und an Unserer Seite ein zu Unserer und zu Teutschlands Hülfe gekommenes, tapferes Volk, das durch hohe Thaten seine Unabhängigkeit errang. Es vertraute seinem Herrscher, seinen Führern, seiner Sache, seiner Kraft — und Gott war mit ihm! So auch Ihr! — denn auch Wir kämpfen den großen Kampf um des Vaterlandes Unabhängigkeit.

Vertrauen auf Gott, Muth und Ausdauer sey Unsere Loosung!"

Breslau, den 17ten März 1813. Friedrich Wilhelm.

Urkunde
über die Stiftung des eisernen Kreuzes.

Wir Friedrich Wilhelm, von Gottes Gnaden König von Preußen rc. rc.

In der jetzigen großen Katastrophe, von welcher für das Vaterland Alles abhängt, verdient der kräftige Sinn, der die Nation so hoch erhebt, durch ganz eigenthümliche Monumente geehrt und verewigt zu werden. Daß die Standhaftigkeit, mit welcher das Volk die unwiderstehlichen Uebel einer eisernern Zeit ertrug, nicht zur Kleinmüthigkeit herabsank, bewährt der hohe Muth, welcher jetzt jede Brust belebt und welcher, nur auf Religion und auf treue Anhänglichkeit an König und Vaterland sich stützend, ausharren konnte.

Wir haben daher beschlossen, das Verdienst welches in dem jetzt ausbrechenden Kriege, entweder im wirklichen Kampf mit dem Feinde oder außerdem im Felde oder daheim jedoch in Beziehung auf diesen großen Kampf um Freiheit und Selbstständigkeit, erworben wird, besonders auszuzeichnen und diese eigenthümliche Auszeichnung nach diesem Kriege nicht weiter zu verleihen.

Dem gemäß verordnen Wir wie folget:

1. Die nur für diesen Krieg bestehende Auszeichnung des Verdienstes Unserer Unterthanen um das Vaterland ist

das eiserne Kreuz

von zwei Klassen und einem Groß=Kreuz.

2. Beide Klassen haben ein ganz gleiches in Silber gefaßtes schwarzes Kreuz von Gußeisen, die Vorderseite ohne Inschrift, die Kehrseite zu oberst Unsern Namenszug F. W. mit der Krone, in der Mitte drei Eichenblätter und unten die Jahreszahl 1813. und beide Klassen werden an einem schwarzen Bande mit weisser Einfassung wenn das Verdienst im Kampf mit dem Feinde erworben ist, und an einem weissen Bande mit schwarzer Einfassung wenn dies nicht der Fall ist, im Knopfloch getragen; die erste Klasse hat neben dieser Dekoration noch ein Kreuz von schwarzem Bande mit weisser Einfassung auf der linken Brust; und das Großkreuz, noch einmal so groß als das der beiden Klassen, wird an dem schwarzen Bande mit weisser Einfassung um den Hals getragen.

3. Die Militair-Ehrenzeichen erster und zweiter Klasse werden während der Dauer dieses Krieges nicht ausgegeben; auch wird die Ertheilung des rothen Adler-Ordens zweiter und dritter Klasse so wie des Ordens pour le mérite, bis auf einige einzelne Fälle, in der Regel suspendirt. Das eiserne Kreuz ersetzt diesen Orden und Ehrenzeichen und wird durchgängig von Höheren und Geringeren auf gleiche Weise in den angeordneten zwei Klassen getragen. Der Orden pour le mérite wird in außerordentlichen Fällen mit drei goldenen Eichenblättern am Ringe ertheilt.

4. Die zweite Klasse des eisernen Kreuzes soll durchgängig zuerst verliehen werden; die erste kann nicht anders erfolgen, als wenn die zweite schon erworben war.

5. Daraus folgt, daß auch diejenigen, welche Orden oder Ehrenzeichen schon besitzen und sich in diesem Kriege auszeichnen, zunächst nur das eiserne Kreuz zweiter Klasse erhalten können.

6 Das Großkreuz kann ausschließlich nur für eine gewonnene entscheidende Schlacht, nach welcher der Feind seine Position verlassen muß, desgleichen für die Wegnahme einer bedeutenden Festung, oder für die anhaltende Vertheidigung einer Festung die nicht in feindliche Hände fällt, der Kommandirende erhalten.

7. Die jetzt schon vorhandenen Orden und Ehrenzeichen werden mit dem eisernen Kreuz zusammen getragen.

8. Alle Vorzüge, die bisher mit dem Besitz des Ehrenzeichens erster und zweiter Klasse verbunden waren, gehen auf das eiserne Kreuz über. Der Soldat, der jetzt schon das Ehrenzeichen zweiter Klasse besitzt, kann bei anderweitiger Auszeichnung nur zuerst das eiserne Kreuz der zweiten Klasse erhalten; jedoch erhält er mit demselben zugleich die mit dem Besitz des Ehrenzeichens erster Klasse verbundene monatliche Zulage, die aber fernerhin nicht weiter vermehrt werden kann.

9. In Rücksicht der Art des verwirkten Verlusts dieser Auszeichnung hat es bei den in Ansehung Unserer übrigen Orden und Ehrenzeichen gegebenen Vorschriften sein Bewenden.

Urkundlich unter Unserer allerhöchsteigenhändigen Unterschrift und beigedrucktem Königlichen Insiegel. Gegeben Breslau den 10ten März 1813.

Friedrich Wilhelm.

Am 11. März wurde der bedeutungsvolle Armee=Befehl erlassen: Der König erkenne an, daß York wegen der zu Tauroggen geschlossenen Konvention in jeder Hinsicht vorwurfsfrei sei. Als Beweis vollsten Vertrauens werde er in seinem Kommando bestätigt und ihm der Befehl über die Bülowschen Truppen mitübertragen.

Am 15. März kam Kaiser Alexander in Breslau an, an demselben Tage, an dem Napoleon den König Friedrich Wilhelm wissen ließ, daß er bereit sei, ihm Zugeständnisse zu machen. Am 17. erklärte dieser aber dem Franzosenkaiser den Krieg. Diesmal war der schlaue Korse zu spät gekommen.

Der Erlaß vom 10. März, durch den der Orden des eisernen Kreuzes „für das Verdienst, welches in dem jetzt ausbrechenden Kriege erworben wird“, gestiftet wurde, hatte schon die letzten Zweifel allüberall genommen, wozu sich der König entschlossen habe. So brachten die beiden herrlichen Erlasse: „An mein Volk“ und „An mein Kriegsheer“ nur mehr die offene Bestätigung dessen, was man längst wußte und wünschte: Krieg bis aufs äußerste, Sieg oder ehrenvoller Untergang!

Uns erscheint heute vielleicht des Königs Entschluß leichter, wie er war. Allein Stein urteilt über denselben damals: „Preußens Beitritt zu dem von Rußland begonnenen Kampf war gewagt, denn seine eigenen Kräfte waren beschränkt und nicht entwickelt und die russischen noch schwach. Der Entschluß des Königs und seines Volkes bleibt immer edel. — Es war von jenem vortrefflich, sich den Wünschen seines Volkes anzuschließen; heldenmütig von diesem, mit Strömen von Blut seine Ehre und Selbständigkeit wiederzuerkämpfen.“

Große Opfer, so hatte der „Aufruf an mein Volk“ angekündigt, würden von allen Ständen verlangt werden. Man zögerte in der Tat nicht, in Wahrheit den letzten Mann und den letzten Groschen zu fordern, aber auch nicht, ihn freudig hinzugeben. Schon in denselben Zeitungen, die den Abschluß eines „Off.= und Defensivbündnisses mit dem Kaiser aller Reußen“ verkündeten, wurde die Errichtung einer allgemeinen Landwehr befohlen. Alle waffenfähigen Preußen zwischen 17 und 40 Jahren (Geistliche und die unentbehrlichsten Beamten ausgenommen) sollten unter Anlehnung an die Friedens=Verwaltungseinteilung der Provinzen von den

Kreisausschüssen in Bataillone und Schwadronen zusammengestellt werden. Die Offiziere wurden gewählt. Die Bekleidung und Ausrüstung war die einfachste. „Die Infanterie,“ schreibt Oberstleutnant von der Osten, „führte anfangs teilweise Piken, da zunächst nur 45000 Gewehre der ver=

Ernst Moritz Arndt.
Aus dem Corpus imaginum der Photogr. Gesellschaft, Berlin.

schiedensten Art verfügbar waren. Für die ostpreußische Landwehr hatte der Zar 15000 erbeutete französische Gewehre überweisen lassen. Die pommersche und schlesische wurde später mit englischen oder öster=reichischen Gewehren bewaffnet. Bei letzteren mußten aber erst die Zündlöcher gebohrt werden. Die Kavallerie war anfangs meist nur mit Piken versehen, neben denen ein kleiner Teil Säbel und Pistolen führten. Ebenso mangelhaft war die Bekleidung, die bei dem Fußvolk meist nur aus Litewken, leinenen Beinkleidern, Schuhen, Mützen und Zwillichsäcken an Stelle von Tornistern bestand. Bei den Reitern war sie etwas besser, dagegen war die Pferdeausrüstung wieder sehr mangelhaft. Auch die Pferde selbst waren meist sehr schlecht.“ Man sieht, welche Schwierigkeiten bei der Aufstellung der Landwehr zu überwinden waren. Auf ihre baldige Verwendung war somit kaum zu rechnen; mit der Zeit hoffte man

Major Adolf von Lützow.
Original im Körner-Museum zu Dresden.

aber, 120000 Mann neben den Linientruppen für das Feld verfügbar machen zu können.

Vier Tage später, am 21. März, erließ der König eine Verordnung zur Bildung eines Landsturms. „Der Kampf, zu dem der Landsturm berufen wird, ist ein Kampf der Notwehr, der alle Mittel heiligt!“ so heißt es in der Landsturmordnung. „Die schneidensten sind die besten. Es ist die Bestimmung des Landsturms, den Feind, wenn er ins Land gedrungen ist, beständig in Atem zu halten, ihn einzeln und in Trupps zu vernichten.“ Nur Greise und Krüppel waren von der Landsturmpflicht ausgenommen.

Niemand durfte sich ihr entziehen. „Feige und solche, die ihren anvertrauten Posten ohne Not verlassen, sollen ihre Waffen verlieren und körperlich gezüchtigt werden; denn wer Sklavensinn zeigt, ist als Sklave zu behandeln,“ schrieb Arndt.

Theodor Körner.
Aus dem Corpus imaginum der Photogr. Gesellschaft, Berlin.

Zu all diesen Aufgeboten traten die Freikorps. Schon am 18. Februar hatte Major von Lützow, ein ehemaliger Schillscher Offizier, die Genehmigung zur Errichtung eines solchen erhalten. Die „schwarze Schar“, wie sie nach ihrer Tracht genannt wurde, die rasch auf 1500 Mann zu Fuß und zu Pferde anwuchs, vereinigte in ihren Reihen die erbittertsten Feinde Napoleons aus allen Staaten. In ihr diente neben Jahn und Friesen auch Theodor Körner, dessen Lieder uns noch heute den Geist jener großen

Gedenkblatt zum Aufruf der Freiwilligen 1813.

Nach Neubauer, Preußens Fall und Erhebung.

Zeichnung von C. Burger.

Zeit wirkungsvoll widerspiegeln. „Ein herrlicher Jüngling, dieser 21 jährige junge Sachse,“ so schildert ihn ein Geschichtsschreiber, „der mit seinen ewig jugendfrischen Liedern den großen Kampf begleiten und endlich, was er gesungen, durch den Tod besiegeln sollte.“ Von Wien, wo er sich von der Braut losriß, eilte er nach Preußen, um seine deutsche Abkunft zu zeigen und seine Pflicht zu erfüllen. Wie herrlich und ergreifend sind doch die Zeilen, durch die er seine Abreise seinem Vater mitteilte: „Meine Brust seufzt nach ihrem Vaterlande. Zum Opfertode für die Freiheit und die Ehre seiner Nation ist keiner zu gut, wohl aber sind viele zu schlecht dazu. Soll ich in feiger Begeisterung meinen siegenden Brüdern meinen Jubel nachleiern? Daß ich mein Leben wage, gilt nicht viel! Daß aber dies Leben mit allen Blütenkränzen der Liebe, der Freundschaft, der Freude geschmückt ist, und daß ich es doch wage, daß ich die süße Empfindung hinwerfe, die mir in der Ueberzeugung lebte, Euch keine Unruhe, keine Angst zu bereiten, das ist ein Opfer, dem nur ein solcher Preis entgegengestellt werden kann!“ so schrieb Körner, so handelten Hunderte, so dachten Tausende, so dachte das ganze Volk!

Weiter genehmigte der König unter dem 10. März die Errichtung eines „ausländischen freiwilligen Jägerkorps“. In dies, sowie in das etwas später errichtete „Ausländerbataillon“, ließen sich viele Kampfeslustige aus den früher preußischen Gebietsteilen einreihen.

Die allgemeine Volksbewaffnung war damit Tatsache geworden. Der letzte Mann war zum Kampf aufgeboten.

Man macht sich nur schwer eine Vorstellung davon, welch ungeheure, tiefgehende, nachhaltige Erregung das preußische Volk in seiner Allgemeinheit damals ergriffen hatte und welche Opferwilligkeit des Königs Worte an sein Volk zeitigten. Dies wird nur der verstehen, der sich vergegenwärtigt, was dieses selbe Volk in den letzten 6 Jahren hatte ertragen, hatte leiden, hatte über sich ergehen lassen müssen; wie es mißhandelt, geknechtet und verhöhnt, wie es von dem mitleidslosen Eroberer ausgebeutet worden war. Was sind dagegen die Leiden, die der Krieg 1870–71 über das französische Volk gebracht hat!

Die gewaltigste Folge des „Aufrufs an mein Volk“ war die Stärkung des Gefühls: „Wir sind Preußen, wir gehören zusammen.“ Das Nationalgefühl flammte empor, um bis heute nicht mehr zu erlöschen. Auf in den Krieg für unseren König und unser Vaterland! Ich bin ein Preuße, kennt ihr meine Farben!

„Der König rief, und alle kamen", „das Volk steht auf, der Sturm bricht los", sang der Dichter.

Max von Schenkendorf.

Erhebt euch von der Erde, ihr Schläfer aus der Ruh',
Schon wiehern uns die Pferde den guten Morgen zu,
Die lieben Waffen glänzen so hell im Morgenrot,
Man träumt von Siegeskränzen, man denkt auch an den Tod

ruft Schenkendorf.

Von den Kanzeln und von den Kathedern herab wurde nur mehr „Krieg" gepredigt. Schulen und Werkstätten leerten sich. Neben dem Knecht trat der Edelmann, neben dem Handwerker der Gelehrte, neben dem

Auf den Altar des Vaterlandes, 1813.

Nach dem Gemälde von A. Kampf.

Jüngling der Greis in Reih und Glied. In jedem Dorfe wurde exerziert zu Fuß und zu Pferde, mit Gewehren und mit Piken. „Das ganze Land glich einem Lager“, berichtete Gneisenau dem König. „Jede Musterung der in einem Ort befindlichen Landwehr und Landsturms war ein Volksfest. Der Gedanke, das zertretene Vaterland wieder zu befreien, war Gemeingut geworden.“ Die Gattin hielt nicht den Gatten, die Braut nicht den Bräutigam zurück, ja, Frauen griffen sogar unter Verkleidung zu den Waffen.

Ich nenne nur Auguste Krüger aus Friedland in Mecklenburg, die in das Kolbergsche Regiment eintrat, Unteroffizier wurde und bei Dennewitz und Großbeeren so tapfer focht, daß ihr das eiserne Kreuz verliehen wurde. Wer hat nicht von dem Stralsunder Bürgermädchen gehört, daß unter dem Namen Karl Petersen bei den schwarzen Husaren eintrat und sich das Kreuz erwarb? Eleonore Prohaska aus Potsdam wurde als August Lenz bei Lützows wilder verwegener Schar angenommen und im Gefecht an der Göhrde tödlich verwundet. Wer die Waffen selbst nicht führen konnte, gab Mittel zur Erhaltung der Aufgebotenen. Beamte gaben von ihrem Gehalte so viel ab, daß ihre Familien darbten. Handwerker brachten die Arbeit ihrer Werkstätten. In mancher Familie werden heute noch als kostbares Gut die Trauringe der Großeltern, die ihre goldenen für eiserne hingegeben hatten, aufbewahrt. „Gold gab ich für Eisen“, verkündet die Inschrift den Nachkommen. Auch die Aermsten vergaßen der Not des Vaterlandes nicht über der eigenen. Eine arme Frau hatte sich mit den Jahren allmählich 10 Taler für einen neuen Rock zurückgelegt. „Die Jäger brauchen ihn nötiger als ich“, mit diesen Worten übergab sie die groschenweise zusammengesparte Summe dem Landrat. Mit den Worten: „Das letzte bißchen Armut einer Soldatenwitwe“, brachte eine Greisin ein Paar Socken. In Lyck gab eine Bettlerin sogar das letzte Hemd hin, was sie besaß. Arme Bergleute taten ihren Hauerlohn zusammen, bis sie 13 Mann als Freiwillige ausrüsten konnten. Die katholische Gemeinde in Marienburg schenkte die gesamten silbernen Kirchengeräte. Nicht auf die Erwachsenen beschränkte sich die Opferwilligkeit. Die Kinder kamen mit ihren Sparbüchsen herbeigelaufen und entleerten sie freudig fürs Vaterland. „Das alles leistete ein Volk,“ schreibt Tomaschat, „das ein unbarmherziger Feind mit raffinierter Grausamkeit völlig ausgesogen und ausgeplündert, das er an den Bettelstab gebracht hatte. Aber dies bettelarme Volk besaß unerschöpfliche Reichtümer des Herzens und Gemütes.“ Nie mehr ist eine solche Zeit wiedergekehrt, stolz können wir auf sie immer sein, vergessen dürfen wir sie niemals!

Mit Verwunderung und stillem Grauen verfolgten die Franzosen, was sich unter ihren Augen in dem vor 6 Jahren zusammengeschmetterten Preußen vollzog. Mit Bewunderung sahen die Nachbarn, was ein Volk leisten kann, wenn es will. Der österreichische Gesandte schreibt an seinen Kaiser: „Da ist keiner, der nicht beflissen wäre, Proben der edelsten Hingebung an den Tag zu legen. Jeder nimmt die außerordentlichsten Opfer auf sich, um zum Besten des Landes beizutragen.“ Der russische Oberbefehlshaber Wittgenstein ruft in einem Tagesbefehl seinen Truppen zu: „Seht auf eure preußischen Nachbarn. Die ganze Nation erhebt sich. In ihren Reihen findet ihr den Sohn des Pflügers neben dem des Fürsten. Aller Unterschied der Stände ist in den großen Begriffen: Freiheit, König, Vaterland untergegangen.“ Eine englische Dame bezeichnet es als „herzergreifend, wie sich alle freudig der Armut und dem Elend aussetzen und an Hab und Gut hingeben, was sie nur irgend entbehren können“.

Wenn Jahrhunderte verflossen sind, wird man noch von dieser allgemeinen Begeisterung schreiben, aus ihr lernen, sich an ihr erbauen. Solange ein preußisches, ein deutsches Herz schlägt, werden die Gesänge der Dichter jener Zeit, die selbst unter den Waffen ihre Lieder erklingen ließen, einen Widerhall finden.

„Das Volk steht auf, der Sturm bricht los,
Wer legt noch die Hände feig in den Schoß!
Und schlägt unser Stündlein im Schlachtenrot,
Willkommen dann, sel'ger Soldatentod!“

Groß-Görschen und Bautzen

Napoleon war seit seiner Rückkehr nach Paris nicht müßig geblieben. Mit der ihm eigenen bewundernswerten Tatkraft und oft bewiesenen unübertrefflichen Umsicht ging er an die Arbeit, um baldigst an der mittleren Elbe ein kampfkräftiges, überlegenes Heer verwendungsbereit zu haben. Die Fehler seiner Gegner kamen ihm dabei vortrefflich zustatten. Darauf hatte er, als er die Armee verließ, nicht zu rechnen gewagt, daß keine Versuche von diesen gemacht würden, sich der Weichsel= und Oderfestungen wieder zu bemächtigen und seine Besatzungen von den Etappenstraßen zu verjagen; ebensowenig, daß Tausende von Offizieren und Mannschaften unbehelligt durch Preußen ihren Rückweg in sein Machtgebiet nehmen könnten. Die schnelle Aufstellung neuer Regimenter wurde ihm dadurch ungeahnt erleichtert. Für 150 Bataillone und 50 Schwadronen mußten seine in Spanien kämpfenden Truppen Stämme abgeben. An Mannschaften fehlte es ihm nicht. 220000 Mann wurden in Frankreich selbst ausgehoben, die Marinesoldaten in die Landarmee eingestellt, 10000 den höheren Ständen angehörige junge Leute, die sich auf eigene Kosten ausrüsten und beritten machen mußten, in das Heer eingereiht. Die in Italien stehenden Truppen setzte der Kaiser sofort in die Gegend von Augsburg in Marsch, 20000 Mann der treugebliebenen Rheinbundstaaten, Bayern, Württemberg, Baden und Hessen, sammelten sich bei Bamberg. Sachsen stellte ihm seine Truppen zur Verfügung. So konnte Napoleon schon Ende April wieder über 226000 Mann auf deutschem Boden verfügen.

Eine zahlreiche Armee schnell aufzustellen und zu versammeln war ihm gelungen. Allein ihr die Ausbildung zu geben, wie sie die „große Armee“ auszeichnete, diese Aufgabe war auch von einem Napoleon in der zur Verfügung stehenden Zeit nicht zu lösen.

Zwei Drittel der in Frankreich Ausgehobenen hatte noch nicht das 20. Lebensjahr erreicht. Tausende von ihnen brachen schon auf den Märschen, ehe sie noch einen Feind zu Gesicht bekommen hatten, unter den großen ungewohnten Anstrengungen zusammen. Durch die nach dem Einrücken in die Unterkunft alltäglich vorgenommenen Waffenübungen wurde nur eine oberflächliche Ausbildung erzielt. Die Stimmung der Leute war nicht gut. Viele gingen widerwillig in den Krieg. Fälle von Fahnenflucht waren nicht selten; jede Begeisterung fehlte der Truppe. Allein, dennoch trat Napoleon voller Zuversicht in den Kampf, und zwar im Gefühl seiner persönlichen Ueberlegenheit. Konnte er doch beobachten, wie seine Feinde ihn so fürchteten, daß sie nicht einmal die Vorteile ihrer augenblicklichen Lage auszunützen wagten; wie sie zauderten, zögerten, die kostbare Zeit verloren, anstatt zu handeln, zuzugreifen. Er glaubte aber auch, es nur mit unterlegenen Kräften zu tun zu haben. Denn, daß auch die russische Armee im Winterfeldzug stark gelitten, war ihm nicht unbekannt; daß eine schnelle Ergänzung ihrer Stärke durch die großen Entfernungen und schlechten Wege des Reiches sehr erschwert war, wußte er. Was aber Preußen betraf: „Preußen hat 4 $^{1}/_{2}$ Millionen Einwohner," äußerte er verächtlich. „Es kann mir in zwei Monaten 40000 Mann entgegenstellen und nie mehr als 75000; das ist nicht viel." Zu ihm standen fest die Rheinbundstaaten, nur Mecklenburg, Anhalt und Weimar hatten die Heeresfolge verweigert. Was für den Kaiser aber das Allerwichtigste war, Oesterreich, auf dessen Thron sein Schwiegervater saß, hatte sich seinen Feinden bis jetzt noch nicht angeschlossen. Rußland und Preußen allein aber hoffte er schnell mit wuchtig geführten Schlägen zu Boden zu schmettern – er wollte zeigen, daß er nicht umsonst der „Schlachtenkaiser" heiße. Gelang ihm dies, dann wagte Oesterreich überhaupt nicht loszuschlagen. Deutschland war dann endgültig nieder=geworfen, und dann wollte er Rache nehmen!

Wie sah es demgegenüber bei den Verbündeten aus? Was hatten sie Napoleon entgegenzusetzen? Wie hatte sich die militärische Lage bis zum Tage der Kriegserklärung entwickelt? Im Norden hatten die Russen unter Wittgenstein langsam den Vormarsch nach Westen in Richtung auf Küstrin fortgesetzt. Davor gingen die in Posen gesammelten Reste der großen Armee unter dem Stiefsohn Napoleons, Eugen, dem Vizekönig von Italien, auf

Berlin zurück. Kosaken überholten ihn. Am 20. Februar schon waren sie vor Berlin erschienen und hatten den Versuch gemacht, die Hauptstadt zu überrumpeln und mit Hilfe der Einwohner die französische Besatzung zu vertreiben. Sie waren denn auch bis Unter den Linden gekommen. Allein die erhoffte Unterstützung blieb aus. „Die Damen," so schreibt ihr Führer Tettenborn, „haben uns am besten empfangen. Denn als ich hineinsprengte, winkten mir von allen Fenstern Schnupftücher entgegen, aber die Männer, die wollten nicht zuschlagen, und dies war das wichtigste."

Als Wittgenstein sich anschickte, die Oder zu überschreiten, räumten die Franzosen am 4. März Berlin und gingen auf das von den Sachsen besetzte Wittenberg zurück.

Die russische Hauptarmee unter Fürst Kutusow hatte bei Kalisch=Rawitsch Halt gemacht. Sie war durch die Abgaben zur Einschließung der Weichselfestungen und zur Besetzung von Polen, das ja Napoleon Heeresfolge geleistet hatte, auf 45000 Mann zusammengeschrumpft.

Von den preußischen Truppen hatte York die Gegend von Pommersch Stargard erreicht, wo sich mit ihm Borstell und Bülow vereinigten. Er verfügte damit über 26000 Mann mit 96 Geschützen. Alle übrigen Truppen waren in Schlesien zusammengezogen: 27600 Mann mit 84 Geschützen.

Scharnhorst war es, der die Verhandlungen mit den Russen über die Verwendung der preußischen Streitkräfte und über die Regelung der Befehlsverhältnisse geführt hatte. Um den Eintritt Preußens in den Kampf möglichst machtvoll zu gestalten, hatte er gewünscht, es möchte aus seinen Truppen eine besondere Armee gebildet werden. Das ging aber nicht an. Denn der Gang der Ereignisse hatte dazu geführt, daß sie in zwei Gruppen räumlich weit auseinander standen. So wurden beide Gruppen mit russischen Truppen vereinigt. Man kam dann dahin überein, daß der Preuße York dem Russen Wittgenstein unterstellt wurde, daß dafür aber ein preußischer General den Befehl über das russische Korps Wintzingerrode mit übernahm. Die Wahl hierfür fiel auf Blücher. Der Mann, der der volkstümlichste Held der Befreiungskriege werden sollte, stand damals im 71. Lebensjahre. Ein Rostocker, war er, erst 15 Jahre alt, zu Beginn des Siebenjährigen Krieges, in ein in Neuvorpommern aufgestelltes schwedisches Husarenregiment eingetreten. Allein schon das Jahr 1760 machte dem Dienst unter den blau=gelben Farben ein Ende. Am 27. August, in einem Gefecht am Kawelpaß bei Friedland, fiel er in Feindes Hand. Husaren Bellings, die Nachhut der vor den überlegenen Schweden zurück=gehenden Preußen, nahmen ihn hier nach tapferer Gegenwehr gefangen.

Gebhard Lebrecht von Blücher.
Aus dem Corpus imaginum der Photogr. Gesellschaft, Berlin.

Oberst Belling war mit Blüchers Familie verwandt. Nur aus den damaligen Zuständen, unter denen deutsche Gebiete unter fremden Herrschern standen, ist es zu erklären, daß dieser ihn sofort dem König Friedrich II. zur Beförderung zum Kornett vorschlug, ohne zu erwähnen, daß Blücher ein gefangener schwedischer Husar sei. Er wurde auch wirklich vom alten Fritz angestellt und rückte in den neuen Verhältnissen schnell auf. Seine militärische Laufbahn nahm aber zunächst auch hier ein unerwartetes

Ende. Das Regiment Bellinghusaren hatte sich bei der Besetzung Polens im Jahre 1772 den Ruf erworben, nicht besonders glimpflich mit den Landeseinwohnern umgegangen zu sein. Der König selbst bekam von ihm einen so schlechten Begriff, daß er schrieb: „Das Regiment hat in Polen nichts getan, als geplündert und der Armee Schande gemacht." Er hielt dies dem Truppenteil nach, Blücher wurde beim Aufrücken zum Rittmeister übergangen. Auf sein daraufhin eingereichtes Abschiedsgesuch schrieb der alte Fritz: „Ist kein Husaren=, sondern ein Zigeunerregiment, und so verdienen diejenigen, so in der Masse bei ihm gestanden haben, kein Avancement." Nicht der Abschied wurde ihm bewilligt, sondern er wurde kurzerhand entlassen. Friedrich der Große soll dem nachmaligen Feldmarschall an den Rand seines Gesuches geschrieben haben: „Er kann sich zum Teufel scheren!"

Er wurde nun Landwirt — notgedrungen. Alle bei den verschiedensten Gelegenheiten eingereichten Gesuche um Wiederaufnahme in die Armee wurden abgelehnt. Erst unter des großen Königs Nachfolger erfüllte sich sein sehnlichster Wunsch. Am 23. März 1787 wurde Blücher als Major in seinem alten Regiment, das mittlerweile den Namen Goltzhusaren bekommen hatte, wieder angestellt. Die Feldzüge gegen Frankreich in Holland und am Rhein gaben ihm erwünschte Gelegenheit, sich auszuzeichnen. Schnell kam er nun vorwärts. Im Unglücksjahr 1806 kämpfte er als General mit Auszeichnung bei Auerstädt. Auf dem Rückzug nach der Elbe befehligte er die Nachhut. Durch seine Entschlossenheit und Geschicklichkeit gelang es ihm, zunächst sich der drohenden Umzingelung zu entziehen und am 5. November mit noch 15000 Mann Lübeck zu erreichen. Allein hier ereilte ihn dennoch sein Geschick. Ueberraschend wurde die Stadt von den Franzosen genommen. Bei Rattkau mußte sein Korps vor Bernadotte die Waffen strecken; er selbst geriet in Gefangenschaft. Schon am 16. Juli 1807 wurde er gegen den französischen General Victor ausgewechselt. Nach dem Kriege erhielt Blücher den Befehl über die pommersche Brigade in Stargard. Am 10. Oktober 1807 wurde er jedoch von seiner Stellung enthoben. Er hatte nämlich auf eigene Faust Kolberg zu einem be=festigten Lager auszubauen begonnen. Napoleon beschwerte sich hier=über und erklärte, er wünsche Blüchers Verwendung im aktiven Heere nicht mehr. Infolgedessen wurde er in den Ruhestand versetzt und nahm seinen Wohnsitz in Stargard.

Man kann sich Blüchers Ungeduld während dieser Zeit denken. Sie erreichte den Gipfel, als er sah, wie sich die Trümmer der „großen Armee“ auch durch Pommern zurückschleppten. Er konnte nicht begreifen, was dem entgegenstehen könne, daß man auf diese wie „ein heiliges Donnerwetter“ losfahre. Wie mag es in ihm aufgejubelt haben, als er am 27. Februar 1813 das Schreiben des Königs erhielt, das ihm eröffnete, ihm sei der Befehl über die Truppen, die zuerst ins Feld rücken sollten, übertragen worden. „Der wichtige Auftrag, der Ihnen hierdurch zuteil wird,“ so lautete der Schluß des königlichen Handschreibens, „wird Sie überzeugen, welches Vertrauen Ich in Ihre Kriegserfahrenheit und in Ihren Patriotismus setze, und Ich bin versichert, daß Sie demselben ganz entsprechen und Mir und dem Vaterlande dadurch Veranlassung geben werden, Ihnen unsere Erkenntlichkeit zu erzeigen.“

„Da schwur er beim Eisen gar zornig und hart
Den Welschen zu weisen die deutscheste Art.“

Als Generalstabschef wurde Scharnhorst ihm beigegeben. Die Wahl war eine besonders glückliche. Dieser bedeutende Offizier hatte schon 1806 in derselben Stellung bei ihm mitgemacht. Beide Männer hatten sich damals schon gegenseitig in Not und Gefahr verstehen und schätzen gelernt. „Wir waren immer guten Muts, wenn die Not am höchsten war,“ schrieb Scharnhorst. „Nie war eine Differenz der Meinungen zwischen uns, nie verschiedene Gefühle, wir waren eine Seele, ein Gedanke, ein Entschluß.“ Blücher hatte schon von Lübeck an den König berichtet, daß es seines Stabschefs rastloser Tätigkeit, fester Entschlossenheit und seinem einflußreichen Rat zum großen Teil zu verdanken sei, daß der Rückzug sich so glücklich vollzogen habe. Er hatte Blüchers Los der Gefangennahme in Lübeck geteilt, war aber noch vor seinem Kommandeur ausgewechselt worden. Wie eng das Verhältnis zwischen den beiden so bedeutenden und doch in ihrer Art so verschiedenen Männern war, läßt ein Brief von ihm an seinen General erkennen: „Sie sind unser Anführer und Held, und müßten Sie auf der Sänfte uns vor- und nachgetragen werden. Nur mit Ihnen ist Entschlossenheit und Glück!“ Mit Recht hat man Scharnhorst die „notwendige Ergänzung zu Blücher“ genannt.

Geschaffen und gerüstet hat er das preußische Heer, es zu führen war ihm nicht vergönnt. Er hat einmal geäußert, er gebe sein Leben für das Oberkommando eines Tages. „Es ist die reinste, edelste und darum größte Tat seines Lebens,“ schreibt sein Biograph, „daß er diesen Wunsch bezwingend für sich auf jedes Kommando verzichtete.“ Entsagungsvoll schreibt er an seine Tochter: „Ich habe kein Kommando nehmen können, ich habe mich nur begnügt, gute, brauchbare Leute heranzuziehen. Ich konnte dies nur durchsetzen, wenn ich allem entsagte.“

Die Zusammenstellung des Oberkommandos, die von so entscheidender Bedeutung für den Krieg ist, war so die denkbar günstigste. „Blücher be=saß das Vertrauen der Truppen,“ schreibt Neubauer, „er besaß die un=schätzbare Eigenschaft, sie zu verstehen und von ihnen verstanden zu werden, auf sie zu wirken, sie begeistern zu können. Er besaß den frischen Heldenmut einer ungebrochenen vollen Natur, und was für einen anderen Feldherrn hätte ein Heer ertragen, das nach jahrelanger Schmach von Rachedurst erfüllt, zu den größten Opfern fähig ins Feld zog. Immer den kühnsten wählte er unter den Vorschlägen, die sein Generalstabschef ihm machte. Bei allem Ungestüm, aller Derbheit seines Wesens, was für ein schlichter Sinn für das echte Große, mit welcher Innigkeit hing er an seinem Vaterland, seinem König. Das vertrauensvolle „Vater Blücher“ seiner Soldaten kennzeichnet sein Verhältnis zum gemeinen Mann. „Was ist es,“ fragt Marwitz, „was den Soldaten so mächtig an ihn kettet? Die Kühnheit, die aus seinen Augen leuchtet, sein heldenmäßiges Wesen, seine grauen Haare, seine Stimme, wenn er im Vorbeireiten einige Scherzreden von sich gab, die Gewißheit, daß er in dem Augenblicke da sein würde, wenn es not täte, und daß er in den schlimmsten Lagen nie verzage, das Glück immer benütze.“

„O schauet, wie ihm leuchten die Augen so klar,
O schauet, wie ihm wallet sein schneeweißes Haar!
So frisch blüht sein Alter, wie greisender Wein,
Drum kann er auch Verwalter des Schlachtfeldes sein!“

besang ihn der Dichter.

Dabei war der Fürst tiefreligiös. Er hat es selbst gesagt, er, der Mann, der in Hunderten von Gefechten gestanden, daß er nie in eine

Schlacht gegangen, ohne vorher zu beten und zu bitten, die Vorsehung möge ihn leiten und vor Mißgriffen hüten. Nach jedem Treffen, wenn es auch nicht gut ausgefallen war, dankte er Gott. Er führte stets ein Gebetbuch mit sich und betete jeden Morgen und Abend. Er glaubte fest an die Fortdauer der Seele und eine Vergeltung nach diesem Leben. Wie oft hat er gesagt: „Wenn mir jemand diese Ueberzeugung nimmt, dann würde mir mein Sterbestündchen sehr schwer werden, und ich könnte ihm nur mit Grauen entgegensehen." In der Religion schöpfte er die Zuversicht für den glücklichen Ausgang des Kampfes. Welch ein Charakter! Welch ein Beispiel für alle Zeiten!

Nach dem in Kalisch verabredeten Plane sollte die nördliche Heeres=abteilung unter Wittgenstein über Berlin auf Magdeburg, die südliche unter Blücher auf Dresden vorgehen. Eine russische Hauptarmee hatte unter der Führung Kutusows, dem gleichzeitig die Oberleitung zugesprochen war, in breiter Front dahinter zu folgen. Noch ehe Preußen den Krieg erklärt, hatte diese Bewegung und zwar derart begonnen, daß seine Truppen zunächst hinter den Russen herzogen. Die Versuche, Sachsen zum Anschluß zu bewegen, waren vergeblich. König Friedrich August verließ sein Land und begab sich nach Regensburg. Seine Truppen waren auf französischen Befehl über die Elbe zurückgegangen und hielten die Festungen Torgau und Wittenberg besetzt.

Günstig hatte sich mittlerweile die militärische Lage für die Verbündeten nicht entwickelt. Sie verspürten jetzt die Folgen ihres Zögerns. Hätten sie einen Monat früher ihren Vormarsch angetreten, so wären sie auf einen schwä=cheren, erst in der Versammlung begriffenen, über weite Gebiete zerstreuten Gegner gestoßen, der Erfolg wäre sicher gewesen! Die Gelegenheit zu einer günstigen Eröffnung des Feldzuges war nun verpaßt! Napoleon hatte es verstanden, fast doppelt so stark wie die Verbündeten an der Elbe zu er=scheinen. In zwei Gruppen hatte er ungestört mit seinen Kräften aufmar=schieren können. Die eine schwächere, 45 000 Mann zählende hielt er unter Befehl des Vizekönigs zunächst bei Magdeburg zurück, während er selbst die andere stärkere, über 100 000 Mann, von der oberen Saale her durch Thü=ringen auf Leipzig vorführte. Beide sollten sich später in Sachsen zur Schlacht vereinigen. Dadurch entstand die Gefahr, daß der Kaiser in blitzschneller Bewegung die getrennt vormarschierenden Heeresabteilungen der Ver=

Verbündeten einzeln mit Ueberlegenheit anfallen und schlagen konnte. Es sahen daher die Monarchen, die Ende April mit bis Dresden vorgerückt waren, nicht gerade sehr beruhigt in die Zukunft. Daß ihre Sache aber gut stand, soweit nur die Tapferkeit und die Tüchtigkeit ihrer Truppen entschied, hatte sich gleich bei den ersten kleinen Zusammenstößen erwiesen.

Die ersten Schüsse in dem großen „Befreiungskriege" fielen bei Lüneburg. Russen und Preußen nahmen den Franzosen die Stadt mit stürmender Hand ab. Hatten sich hier schon die Truppen vortrefflich geschlagen, so trat ihre kriegs=gemäße Ausbildung und ihr herrlicher Geist in dem ersten größeren Kampf bei Möckern, östlich Magdeburg, am 5. April besonders zutage. Wittgenstein drängte in einer Reihe von zusammenhanglosen Gefechten den Feind über die Elbe zurück. Namentlich hatte sich hierbei Yorks Infanterie und Bülows Kavallerie unter dem „tollen Platen" hervorgetan. Wie ein Lauffeuer ver=breitete sich die Kunde hiervon in Armee und Bevölkerung. Die Berichte jener Zeit lassen erkennen, mit welcher Spannung das ganze Land die Nachrichten von den ersten Zusammenstößen erwartete und welchen Anteil es an ihrem Ausgang nahm. Es erglühten die Wangen der Frauen und Jungfrauen, als man las, wie ein Mädchen, Johanna Steegen, bei Lüneburg im dichtesten Kugelregen den pommerschen Füsilieren in ihrer Schürze Patronen zugetragen habe.

Die Saale hatten die Verbündeten zunächst nicht überschritten. Als der Vizekönig mit dem Herannahen Napoleons zur Vereinigung mit ihm abmarschierte, zogen die Verbündeten hiergegen ihre Hauptkräfte süd=östlich Leipzigs zusammen. „Der große Schlag ist nahe!" schrieb Blücher am 29. April an seine Frau. Das empfand nicht nur der Feldherr, sondern auch die Truppe. „Ohne irgend ein Zeichen des Stolzes und des Uebermuts war ein stilles Vertrauen auf sich und die Heiligkeit ihrer Sache sichtbar," schreibt Clausewitz. Bezeichnend ist die Aeußerung eines Augenzeugen, nach=dem er eine preußische Brigade hatte vorbeimarschieren sehen. „Man erhält den Eindruck, als ob 6000 gebildete Ehrenmänner entschlossen zu einem Zweikampf auf Leben und Tod gingen." Ja, auf Tod und Leben ging's! Die Gegner waren zur Mensur angetreten! An demselben Tage, an dem Blücher auf das Bevorstehen des ersten großen Zusammenstoßes aufmerksam gemacht hatte, war Napoleon in Weißenfels, der Vizekönig in Merseburg eingetroffen.

Die vereinigten französischen Kräfte hatten sich von dort in zwei Heeressäulen weiter auf Leipzig in Marsch gesetzt. Diese Annäherung des Feindes war von den Verbündeten nicht unbemerkt geblieben. Wittgenstein, der den Oberbefehl führte, beschloß, nicht ruhig einen Angriff abzuwarten, sondern diesem zuvorzukommen und kräftig gegen die eine Kolonne, die auf der Straße Weißenfels-Leipzig marschierte, vorzustoßen, also den Feind in seiner rechten Flanke anzufallen. Möglichst überraschend und wuchtig sollte dies geschehen. Er brach daher erst in der Dunkelheit, nachts 10 Uhr, am 1. Mai auf Pegau auf, überschritt bei Tagesanbruch die Elster und ließ seine Korps zunächst westlich des mit diesem Flüßchen gleichlaufenden Floßgrabens gedeckt aufmarschieren, 69 000 Mann mit 407 Geschützen. Blüchers Korps stand in erster Linie, links dahinter York, rechts dahinter die Russen. Die Masse der Kavallerie wurde nach links herausgezogen. Blücher eilte auf eine weite Umsicht ermöglichende Höhe, später der Monarchenhügel genannt, voraus. Von hier war die Marschstraße des Feindes in einer Entfernung von etwa 10 Kilometer genau zu sehen. Zwischen ihr und dem Standpunkt des Beobachters lag ein Dörferviereck: Groß- und Klein-Görschen, Rahna und Kaja, das zwischen sich ein Gelände von einem Kilometer im Geviert umschloß, das stark mit Bäumen bewachsen und daher schwer einzusehen war. Bald verrieten Staubwolken, daß der Feind seinen Marsch auf Leipzig ruhig fortgesetzt habe. Im Begriff, zum Flankenstoß vorzugehen, entdeckte man plötzlich, daß nordöstlich von Groß-Görschen schon starke feindliche Infanterie angekommen sei und dort, wie es schien, ahnungslos, daß der Gegner so nahe, ruhig lagere. Sofort nahm man die Front gegen diese als den nächsten Feind und griff an. Da es nur schwache Kräfte zu sein schienen, entwickelte Blücher dagegen zunächst auch nur eine Brigade. Stürmischer ist nie ein Heer in den Kampf gezogen, es war die erste große Schlacht der Vergeltung, die die Preußen schlugen. Rache für Jena begehrten die einen, Rache für die Qual der letzten sieben Jahre die anderen. Ehre und Freiheit, Gott und Vaterland, König und Volk, alle diese Vorstellungen flossen in das eine Gefühl des Hasses wider die Welschen zusammen. Der Kampf beginnt. Groß-Görschen, in das sich der überraschte Feind hineinwarf, wird genommen. „Wie eine dichte schwarze Wolke," so heißt es in französischen Berichten, „kamen die Preußen über die Höhe." In wuchtigem Anprall wurden die Franzosen aus dem Dorf gefegt.

Zeichnung von C. Dernet.

Schlacht bei Groß=Görschen, 2. Mai 1813.

Nach Neubauer, Preußens Fall und Erhebung.

Man war hier auf die Truppen Neys, des „tapfersten der Tapferen“, gestoßen, der von Napoleon die Anweisung bekommen hatte, bei Kaja an diesem Tage zunächst stehen zu bleiben. Um sich eines drohenden Gegen=angriffs zu erwehren, setzte Blücher bald eine zweite Brigade ein, und zwar an Groß=Görschen vorbei auf Klein=Görschen. Dies und Rahna werden ebenfalls genommen. Ney wirft neue Truppen in den Kampf. Es ent=

Schlacht bei Groß=Görschen, 2. Mai 1813. Napoleon läßt seine junge Garde vorgehen.
Nach einem Stich von C. Brunellière.

steht ein hin und her wogendes Gefecht um die Dörfer, allein schließlich bleiben sie in Blüchers Hand. Es war 2 Uhr, die Schlacht schien gewonnen! Allein da erschien Napoleon auf dem Plane; in langem Galopp war er von Lützen her den von ihm nach dem Gefechtsfeld abgelenkten Divisionen vorausgeeilt. Ihre vordersten Teile vermögen sehr bald einzugreifen und den Kampf wiederherzustellen. Die Dörfer bis auf Groß=Görschen fallen wieder in der Franzosen Hand, alle Tapferkeit des Blücherschen Korps hatte dies nicht abzuwenden vermocht. „Da läßt Wittgenstein,“ so schreibt ein Augenzeuge, „der einsieht, daß man siegen muß, ehe die vom Feinde erwarteten Korps heran sind, etwa um 4 Uhr neue Truppen vorgehen;

Zuerst York, der freilich nur 8500 Mann hat, dessen Erscheinen aber die Bataillone Blüchers mit neuer Angriffskraft belebt. Mit ungeheurer Tapferkeit wird auf beiden Seiten gefochten. Mit leidenschaftlichster Erbitterung greifen die Preußen immer von neuem an, aber auch die jungen Truppen des Feindes halten sich gut.“ Blücher und Scharnhorst sind mitten im Kampf, beide werden verwundet, ebenso wie auf der anderen Seite Ney. Als mit dem Eingreifen Yorks auch die Kavallerie attakierte, setzt Blücher sich selbst an ihre Spitze. Um 5 Uhr hatten die Preußen wieder die Höhen zwischen Rahna und Kaja genommen. Da traf die zum Tode Ermatteten ein gewaltiger Gegenstoß. In der Front und gegen beide Flügel der Preußen gingen gleichzeitig neue Kräfte vor. Zwar griffen nun auch die Russen in die Schlacht ein, allein nach 7 Uhr abends waren die so heiß umstrittenen, so oft gewonnenen und wieder verlorenen Dörfer dauernd in dem Besitz der Franzosen. Ihre Uebermacht war schließlich zu groß geworden. Nur Groß-Görschen wurde von den Verbündeten behauptet. Der Kampf erlosch mit Einbruch der Dunkelheit. Auf eine Wiederholung des Angriffs am folgenden Tage verzichteten die Monarchen, die zu derselben Zeit wie Napoleon auf dem Schlachtfelde eingetroffen waren, angesichts der Stärke des Feindes. Blücher war hierüber entrüstet. Er für seine Person wenigstens wollte den Franzosen zeigen, daß er sich nicht als besiegt ansehe. Mitten in der Nacht ließ er seine Kavallerie auf die französischen Biwaks los. In die feindlichen Lagerplätze sprengten die Schwadronen hinein, bis in die Nähe des kaiserlichen Zeltes gelangten sie. Zurück mußten sie schließlich; allein der Feind blieb, eines neuen Angriffs gewärtig, die ganze Nacht unter dem Gewehr. In der Frühe des 3. Mai gingen die Verbündeten unbehelligt auf Borna zurück. Sie gaben damit zu, die Schlacht verloren zu haben. Für die Preußen aber war das wichtigste Ergebnis: War es ihnen auch trotz allen Heldenmuts nicht gelungen, den Sieg zu erringen, so war doch die Schmach von Jena ausgelöscht, sie waren wieder die Preußen Friedrichs des Großen. Mit dem Gefühl, daß man nur der Ueberzahl habe weichen müssen, verließen sie die Walstatt. Kein Siegeszeichen fiel in Feindeshand. Schwer waren die Opfer des Tages. Ueber 11000 Mann bedeckten tot und verwundet das Schlachtfeld. Daß die Preußen die Hauptarbeit getan, beweist ihr Anteil von 8500 Mann an diesen Verlusten.

Napoleon war es gelungen, den Gegner aus seiner Flanke abzuschütteln. Zweifellos war er der Sieger in diesem ersten großen Zusammenstoß geblieben. Allein seine Genugtuung hierüber war keine vollkommene; er war im Gefecht durch eine Erfahrung unangenehm überrascht worden, die ihm die weiteren Kämpfe nicht so leicht, wie er wohl gedacht, erscheinen ließen. Erschreckt wurde er nämlich geradezu durch die vortreffliche Kampfesweise der Preußen und die Umsicht und Tätigkeit ihrer Führer. Als er sie im Ringen um die Dörfer sah, warf er, wie ein Offizier seines Stabes berichtet, einen langen, ungewissen, scheuen Blick auf seinen Generalstabschef Berthier, der zu fragen schien, sind das dieselben Preußen, die ich bei Jena zu Paaren trieb?! „Die Hunde scheinen etwas von mir gelernt zu haben," soll er voll Ingrimm geäußert haben.

Für die Verbündeten hatte die Schlacht trotz ihres ungünstigen Ausgangs einen nicht hoch genug anzuschlagenden Erfolg. Zwischen Russen und Preußen begann sich eine feste, auf Achtung vor der Tapferkeit des anderen gegründete Waffenbrüderschaft zu knüpfen, die den ganzen Feldzug überdauerte. Von niedergedrückter Stimmung war in der Armee auf dem Rückzug nichts zu bemerken. „Guten Morjen Kinder, dittmal hat et jut gejangen," rief Blücher seinen Truppen zu. „De Franzosen sind et jewahr jeworden, mit wem se zu dun hebben. Der König läßt sich bedanken bei euch. Dat Pulver is alle, darum jehen wir zurück bet hinder de Elbe. Da kommen mehr Kameraden und brengen uns wieder Pulver und Blei, und denn jehen wir wieder drub up de Franzosen, dat se de Schwerenot kriegen. Wer nu seggt, dat wir reterieren, dat is en Hundsfott, en schlechter Kerl! Juten Morjen Kinder!" Auch Gneisenau bezeugt, daß der unglückliche Ausgang des ersten großen Kampfes das Heer nicht entmutigt habe. „Der moralische Zustand der Armee," schrieb er an den Staatskanzler Hardenberg, „ist gut, der Soldat glaubt, nicht geschlagen zu sein. Wenn alles mit Anstrengung an Wiederherstellung und Vergrößerung der Streitkräfte arbeitet, so bin ich keinen Augenblick zweifelhaft über das Schicksal des Krieges." Daran wurde aber mit aller Macht gearbeitet. Scharnhorst war in der Schlacht, noch ehe sie entschieden, durch einen Gewehrschuß unter dem linken Knie verwundet worden. Nach Entfernung der Kugel sah die Wunde ganz befriedigend aus, das Allgemeinbefinden war so wenig gestört, daß er seinen Dienst zu tun vermochte. Er konnte daher noch Anordnungen für die Ergänzung der Regimenter treffen. Alle freiwilligen Jäger, die im Feuer gewesen waren, wurden als Leutnants in die Linie und Landwehr versetzt. Die Aufstellung der letzteren wurde mit allen Mitteln beschleunigt; daneben entwarf der Unermüdliche noch Pläne zur Verteidigung von Berlin, dessen Bedrohung nicht ausgeschlossen erschien. Trotz seiner Wunde brach Scharnhorst noch nach Wien auf, um über die Versammlung des österreichischen Heeres im Falle seines Beitritts zum Kampf gegen Napoleon zu verhandeln. Gneisenau trat an seiner Stelle zu Blücher.

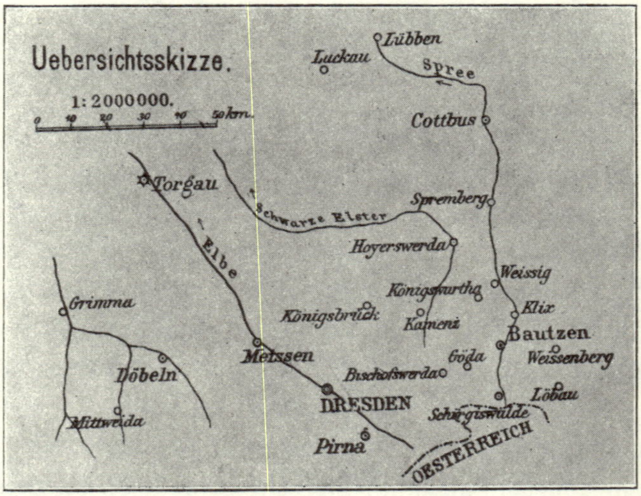

Die Verbündeten hatten ihren Rückzug über die Elbe fortgesetzt, am 12. Mai aber bei Bautzen auf dem rechten Ufer der Spree wieder Front gemacht. Der Schutz der Mark und von Berlin wurde dem General von Bülow, der in Halle stand, übertragen. Er verfügte dazu über 13000 Preußen und 4000 Russen, mit denen er sich zunächst südlich der Hauptstadt bei Baruth aufstellte.

In der Stellung bei Bautzen hatten die Verbündeten 96000 Mann mit 627 Geschützen vereinigt. In der Front nahte sich ihr Napoleon zunächst mit nur 99000 Mann und 350 Geschützen. Allein da er das schon auf Berlin entsendete Korps Ney auch zu dem Kampf heranzog, so verfügte er beim Angriff noch über weitere 85000 Mann mit 180 Geschützen, also über eine bedeutende Ueberlegenheit. Der Versuch der Verbündeten, Ney zu schlagen, ehe er sich mit Napoleon vereinigen konnte, war zu spät unternommen

Nach Neubauer, Preußens Fall und Erhebung.

worden. Die ihm entgegengeschickten Russen und Preußen unter Barclay und York mußten, trotz eines ersten Erfolges, bei Königswarta am 19. Mai der Uebermacht, über die Ney verfügte, weichen.

Die Stellung zur Verteidigung war auf dem rechten Spreeufer ausgewählt worden. Sie lief in einer Ausdehnung von eineinhalb Meilen vom Tronberge bei Denkwitz über Mehlteuer, Rieschen, Jenkwitz, Litten über die Kreckwitzer Höhen nach Pließkowitz. Es war dieselbe Stellung, in der schon einmal Preußen gestanden hatten, nachdem sie dem Feinde vorher hatten weichen müssen. Des großen Friedrichs Heer hatte hier am 15. Oktober 1758 nach dem Ueberfall von Hochkirch angesichts des Feindes gelagert.

Die Kräfte waren in der durch Batterieeinschnitte verstärkten Stellung so verteilt, daß ihre Flügel die Russen, die Mitte die Preußen besetzten. Die Reserven hinter der Mitte waren wieder Russen. Vortruppen waren auf das linke Spreeufer und nach Bautzen hinein vorgeschoben. Am 20. Mai nachmittags erschien Napoleon vor der Stellung, warf diese zurück, überschritt den Fluß und faßte auch schon festen Fuß auf dem rechten Ufer. Von Weiterführung des Angriffs nahm er dann aber Abstand, da Ney noch nicht heran war. Dadurch, daß der Feind an diesem Tage seinen Angriff nicht fortsetzte, ja, an einzelnen Stellen zurückging, hatten die Verteidiger den Eindruck gewonnen, daß sie den Feind erfolgreich abgewiesen hätten. „So brachten die Truppen," berichtet Clausewitz, „in dem wohltuenden Gefühl einer glücklichen Verteidigung die Nacht auf dem Schlachtfelde zu." Am 21. Mai früh schritt nun Napoleon mit Ney zum entscheidenden Angriff gegen Front und rechte Flanke, wie er ihn von vornherein geplant. Den Schlüsselpunkt der Stellung, die bastionsartig vorspringenden Kreckwitzer Höhen, hatte Blücher besetzt, York stand links rückwärts von ihm, von diesem rechts Kleist. Blücher wurden noch, um ihm die Verteidigung seines sehr ausgedehnten Abschnitts zu erleichtern, acht russische Batterien überwiesen. Es wurde Mittag, ehe sich gegen die Front die Korps Marmont und Bertrand entwickelt hatten, während von Norden her seit Stunden schon heftiges Geschützfeuer ankündigte, daß Ney hier vorgegangen sei. Diesem gelang es auch, was ihm gegenüberstand nach Süden zu drängen. Die Lage wurde für Blücher dadurch sehr unangenehm. Sein Versuch, den hier weichenden Russen durch Entwicklung starker Artillerie ein neues Standhalten zu ermöglichen, mißglückte. Sehr bald sah er sich daher selbst nun außer in der Front auch in der rechten

Flanke heftig angefaßt. Unterstützungen erschienen nicht, es blieb ihm also nichts übrig, wollte er sich nicht vernichten lassen, den Abzug zu befehlen. Zwischen 3 und 4 Uhr räumte er in musterhafter Ordnung die Stellung. Es war nicht leicht, sich der drohenden Umklammerung zu entziehen. „Nachdem wir alle Reserven bereits ins Gefecht gezogen hatten," berichtet Gneisenau, „wurden wir auf drei Seiten angegriffen. Wir schlugen uns in einem Viereck, zu dessen einziger offenen Ecke wir hinaus mußten. Zwei Stunden schwebten wir in dieser gefahrvollen Lage." Blüchers Zurückgehen machte den allgemeinen Rückzug unvermeidlich. Kurz nach 4 Uhr wurde er unter dem Schutz der sich heldenmütig opfernden Artillerie angetreten. Auf Löbau entzog man sich dem zunächst nur zaghaft folgenden Feinde.

Wiederum hatten die Truppen sich vorzüglich im Kampfe, auch diesmal wieder gegen eine Uebermacht, bewährt. Kein Geschütz, keine Fahne ging verloren. Teuer hatte Napoleon seinen Sieg bezahlen müssen: 25000 Mann bedeckten tot und verwundet das Schlachtfeld. Bezeichnend für den inneren Zustand seiner Truppen war es, daß in den nächsten Tagen an 3000 Franzosen flüchtend an der Elbe aufgegriffen wurden. Zwei Siege hatten seinen jungen Truppen doch noch immer nicht den inneren Halt zu geben vermocht, den zwei Niederlagen bei den Verbündeten nicht zu erschüttern vermocht hatten.

Mit Bewunderung sah alles auf die Preußen, die auch hier wieder den Hauptansturm hatten ertragen müssen. Der dem Hauptquartier beigegebene englische General Steward berichtet an seinen König: „Die Preußen zeigten wieder an diesem ereignisreichen Tage, wie auch in der Schlacht bei Groß-Görschen, was ihre Truppen fähig sind auszuführen, wenn sie angeführt werden von einem König, den sie lieben, und wenn sie für ihr Land, ihre Freiheit und ihre Unabhängigkeit kämpfen." Mit Dankbarkeit wurde von Offizieren und Mannschaften der Tagesbefehl des Königs aufgenommen, in dem er ihnen für ihre Aufopferung seine Anerkennung zollte. Sie fühlten sich nicht als geschlagen und dem Gegner als mindestens ebenbürtig. Auch diesmal waren sie sich dessen bewußt, daß sie nur der Ueberzahl hatten weichen müssen. So fand des Königs Schlußwort: „Ausdauer ist die Losung in diesem Kriege, nur durch sie wird die Vernichtung des Feindes möglich," den vollsten Widerhall in aller Herzen. Die Haltung seiner Truppen, vom ältesten General hinab bis zum jüngsten Tambour, gab ihm die Berechtigung, zu sagen: „Ich vertraue meinem braven Heere, daß es Ausdauer auch ferner in dem hohen Maße zeigen wird, als es Mut gezeigt hat, und bürge ihm dann für den Ausgang.“

Der Rückzug ging unter lebhaften Gefechten der Nachhut in zwei Kolonnen über Bunzlau und Löwenberg nach Schlesien hinein. Die Preußen überschritten nördlich von Görlitz die Neiße und nahmen dahinter eine Stellung. Trotzdem Napoleon die Verfolgung selbst bei Landskron eingestellt hatte, wurde dennoch noch weiter zurückgegangen, und zwar bis hinter den Queiß. Auf diesem Rückmarsch gelang es Blücher am 26. Mai bei Haynau, dem unvorsichtig nachfolgenden Feind mit seiner Kavallerie einen „Denkzettel“ zu geben, den dieser sobald nicht vergaß. 22 Eskadrons unter Oberst von Dollfs fielen überraschend über eine französische Division her; es war gerade die, die Blücher ein paar Tage vorher gezwungen hatte, die Kreckwitzer Höhen zu räumen. Sie wurde völlig zersprengt. Wenn etwas geeignet war, das Zutrauen der Truppen noch zu steigern, so war es dieser Erfolg.

Am 31. Mai stand die Armee wieder vereinigt südöstlich Schweidnitz. Hier erfuhr man, daß Napoleon mit seiner Hauptmacht den Weg auf Breslau eingeschlagen habe. Kaiser Alexander ergriff die Besorgnis, dadurch von Polen abgedrängt zu werden und schlug die schleunige Fortsetzung des Rückmarschs nach der oberen Oder vor. Blücher beschwor den König, diese Bewegung nicht mitzumachen. Wollten die Russen nun einmal nicht von neuem zum Angriff gegen Napoleon vorgehen, wozu die Lage nicht ungünstig, möge er sich von ihnen trennen und nach den Glatzer Bergen zurückgehen. Mit Hülfe der dort noch in der Aufstellung begriffenen Landwehren werde man so lange einen Angriff der Franzosen abwehren können, bis das russische Heer wieder erscheine. Seine Vorstellungen blieben jedoch erfolglos. Der König befahl, daß auch seine Korps den Rückmarsch über Strehlen auf Brieg antreten sollten.

Bange fragte man sich in der Armee, was aus der Sache noch werden sollte?! Dabei waren ungünstige Nachrichten angekommen. Hamburg und Lübeck hatten den Franzosen wieder überlassen werden müssen.

Breslau war von Ney besetzt worden, nachdem er am 31. sich durch das Gefecht bei Neukirch den Weg dahin gebahnt hatte. Die zum Schutz von Berlin den Franzosen bis zur Elster entgegenmarschierten 8000 Mann des Generals von Borstell hatten durch Oudinot bei Hoyerswerda eine Schlappe erlitten. Sollte auch Berlin wieder dem Feinde ausgeliefert sein?! In all dieses hinein traf die Nachricht, es werde mit Napoleon über einen Waffenstillstand verhandelt. Was, man dachte daran, von weiterem Wider=stande abzusehen? Und alle die heldenmäßigen Anstrengungen und un=säglichen Opfer sollten umsonst gebracht worden sein? Waren denn wirklich schon alle Mittel zum Siege erschöpft? Oder hatte der König plötzlich das Vertrauen zu seinem Heer verloren? Spielte gar der Russe vielleicht wieder ein falsches Spiel wie 1807? So frug man sich bangend im Feldlager und in der Heimat. Was war denn geschehen?! Napoleon hatte aus dem hart=näckigen Widerstand, der ihm bei der Verfolgung nach der Schlacht bei Bautzen geleistet worden war, die Ueberzeugung gewonnen, daß seine beiden Siege die Kampfeslust und das innere Gefüge seiner Gegner nicht zu brechen vermocht hätten. „Wie, keinen Gefangenen, nicht einmal den Nagel einer Kanone lassen diese Preußen sich nehmen?!“ äußerte er in seiner Enttäuschung zu seiner Umgebung. Es war ihm aber nicht entgangen, daß seine eigene Armee dermaßen durch die, wenn auch glücklichen Kämpfe gelitten hatte, daß sie an der Grenze ihrer Leistungsfähigkeit angekommen war. Sie bedurfte dringend der Ruhe und der Verstärkung. Sein Gesamtverlust seit Eröffnung des Feldzuges belief sich jetzt schon auf 87000 Mann. Der Abgang nahm bei dem schwächlichen Menschenmaterial und der unzulänglichen Verpflegung von Stunde zu Stunde in erschreckender Weise zu. Die bedenkliche Lockerung der Mannszucht, der drohende Mangel an Munition, die Unsicherheit auf seinen rückwärtigen Verbindungen, das völlige Versagen der unzuverlässigen, schlecht angelegten Heeresversorgung und der klägliche Zustand seiner Kavallerie machten ihm täglich mehr Sorgen. Er hielt es daher für nützlich, seinen Gegnern einen Waffenstillstand anzubieten. Oesterreich veranlaßte er, ihn zu vermitteln.

Die Verbündeten nahmen nach kurzem Zögern seinen Vorschlag an. Wenn ja auch Napoleon die Zeit der Waffenruhe zur Beendigung seiner Rüstungen und zur Ergänzung und Erholung seines Heeres auszunutzen vermochte, vielleicht sogar den größeren Nutzen aus ihr zog, so kam sie doch auch den Verbündeten zugute: den Russen, da die aus dem weiten Reich im Anmarsch befindlichen Verstärkungen bei einer Wiedereröffnung der Feindseligkeiten endlich zur Stelle sein konnten; den Preußen, da sich die Ausrüstung und Ausbildung der Reserven und Landwehren wesentlich fördern ließ. Vor allen Dingen aber waren Aussichten dafür vorhanden, daß Oesterreich, das schon am 1. Mai das Bündnis mit Napoleon gekündigt hatte, sich nach Ablauf der Waffenruhe den Verbündeten offen anschließen werde. Man konnte es hoffen; denn wozu hatte es sonst, während in Sachsen und Schlesien gefochten wurde, seine Armee auf Kriegsfuß gesetzt. Wenn man im preußischen Lager trotz alledem die Nachricht vom Abschluß des Waffenstillstandes als eine „dunkelste Trauerbotschaft" aufnahm, so lag das daran, daß man mit Recht befürchtete, Napoleon werde während desselben mit Friedensvorschlägen an die Verbündeten herantreten, und es werde ihm gelingen, sie vielleicht zu trennen. Diesem Gefühl gab Arndt Ausdruck mit den Worten: „Die meisten fürchteten wieder einen jämmerlichen Frieden als den Schluß so unendlicher Hoffnungen und Freude."

Was konnte daraus entstehen?! Gelang es dem schlauen Korsen, Kaiser Alexander für den Frieden zu gewinnen, so war für König Friedrich Wilhelm alles verloren. Allein den Krieg fortzusetzen, wagte er nicht. Tiefbekümmert schrieb Clausewitz: „Wenn wir uns jetzt vor Napoleon fürchten, verdienen wir die Rute." Am 4. Juni wurde tatsächlich unter Oesterreichs Vermittlung zu Pläßwitz bei Striegau ein Waffenstillstand auf die Dauer von sieben Wochen abgeschlossen. Die Trennungslinie der von den beiden Parteien besetzten Gebiete lief von Hamburg und Lübeck, die im französischen Besitz blieben, über das ebenfalls noch französisch gebliebene Magdeburg an der preußisch=sächsischen Grenze entlang bis zur Oder. Breslau und ein Landstrich von dort nach dem Gebirge herüber sollte von beiden Parteien geräumt werden.

Die Stärkeverhältnisse nach Ablauf dieses ersten Waffenganges hatten sich so gestaltet, daß noch vor Abschluß des Waffenstillstandes die Verbündeten Napoleon schon um 10000 Mann und 300 Geschütze, besonders aber an Kavallerie überlegen waren. Bei entschlossener Führung hätten sie also auch eine ununterbrochene Weiterführung des Krieges nicht zu scheuen gebraucht. Eine andere Frage war, wird diese geringe Ueberzahl genügen, um die Ueberlegenheit Napoleons als Feldherr auszugleichen?

„Die russischen Generale," schreibt General von Unger, „glaubten nicht daran, weil sie nicht an sich glaubten. — Vertrauen auf ihre Truppen und sich selbst hatten nur die Führer des preußischen Heeres. Diesen klaffenden Zwiespalt im verbündeten Lager verdeckte der Waffenstillstand: die Russen blieben in Schlesien mit den Preußen vereint."

Waffenstillstand · Rüstung zum Entscheidungskampf

Seit dem 4. Juni herrschte Waffenruhe. An demselben Tage war es aber noch zu einem heftigen Kampf südlich von Berlin gekommen. Oudinot setzte alle Mittel daran, sich der Hauptstadt wieder zu bemächtigen. Allein Bülow schlug seine wütenden Angriffe bei Luckau erfolgreich ab. Nur die Dunkelheit und die Ermattung der Truppen, die seit 40 Stunden ununterbrochen auf den Beinen waren, verhinderten eine Verfolgung weiter wie bis Finsterwalde.

Der Befehl, hinter die vereinbarte Trennungslinie zurückzugehen, wurde auch an die Freikorps geschickt. Bis zum 12. sollten sie das den Franzosen zugesprochene Gebiet geräumt haben. Aber wo und wann traf sie dieser Befehl? Lützow vernahm erst am 9. das erste noch ganz unbestimmte Gerücht von einer Einstellung der Feindseligkeiten. Er befand sich bei Plauen im Vogtlande, also weit hinter den französischen Stel=lungen; gerade im Begriff, in Gemeinschaft mit der Freischar des Ritt=meisters v. Colomb eine sächsische Abteilung zu überfallen. Er sandte nun, um Gewißheit zu erlangen, nach Dresden. Erst am 14. bekam er die dienstliche Bestätigung des Gerüchtes. Leider beeilte er seinen Rückmarsch nicht. Das sollte sein Verderben werden. Lützow war von Napoleon, der die Freischaren haßte, gegen jedes Recht für vogelfrei erklärt worden. Man lauerte ihm auf; bei Kitzen, unweit von Groß=Görschen, wurde er überfallen; seine Abteilung wurde zersprengt; er selbst schlug sich durch. Auch Körner gelang es, obschon mehrfach verwundet, sich zu retten. Rhein=bundtruppen, Württemberger, hatten dies am 14. Juni vollbracht.

Glücklicher war Colomb gewesen, trotzdem er die Nachricht vom Waffenstillstand noch später erhalten hatte. Noch am 29. gelang es ihm bei Zwickau, eine feindliche Abteilung zu vernichten und sich dann über die Elbe ungehindert zurückzuziehen.

In der von König Friedrich Wilhelm am 5. Juni erlassenen Bekannt=machung über den Abschluß des Waffenstillstandes hieß es: „Bis jetzt war uns der Feind an Zahl überlegen und wir konnten nur den alten Waffenruhm wiedergewinnen. Wir müssen jetzt die kurze Zeit benutzen, um so stark zu werden, daß wir auch unsere Unabhängigkeit erkämpfen.“

Demgemäß wurden in Preußen die Rüstungen mit verdoppeltem Eifer fortgesetzt. Auch Rußland beschleunigte das Herankommen seiner Ersatztruppen. Der Oberbefehl war mittlerweile von Kutusow auf General Barclay de Tolly übergegangen.

Während die Preußen mit allen Kräften die Gefechtskraft ihrer neuen Armee stärkten, traf sie ein ganz gewaltiger Verlust. Scharnhorst starb am 28. Juni. „Eine verlorene Schlacht wäre kein größerer Verlust für uns gewesen!“ rief Blücher bei der Todesnachricht erschüttert aus. In Prag, wo er mit den Oesterreichern über die Bereitstellung ihres Heeres verhandelt hatte, erlag er seiner Verwundung. Auf der Reise dahin schon hatte sich sein Zustand verschlimmert. Er litt große Schmerzen. Zum Zurücklegen weniger Schritte mußte er sich der Krücken bedienen. „Meine Wunde ist schlimmer, als ich anfangs glaubte,“ hatte er an Gneisenau geschrieben. „Was aber tausendmal übler ist, besteht darin, daß die Heilung langsamer geht. Ich bin dabei vor Unruhe und Schmerz ganz elend.“ Vom Krankenbett aus führte er die Verhandlungen einem guten Ende zu; er sah mit Befriedigung, wie dank seiner unermüdlichen Tätigkeit sich das Unwetter langsam von allen Seiten über Napoleon zusammenzog. Da traf ihn die Nachricht vom Abschluß des Waffenstillstandes wie ein Donnerschlag: „Soll es denn nicht sein, daß endlich einmal Wahrheit und Recht obenauf kommt? Wenn mir jetzt hier der Tod beschieden sein sollte, so scheide ich schwer, denn ich habe nur den Untergang der edelsten Sache vor Augen und weiß doch, daß sie endlich siegreich hervorgehen muß; das möchte ich noch erleben, es wäre mein schönster Lohn,“ schrieb er bekümmert um diese Zeit. Noch einmal hatte sich die Wunde so gebessert, daß er am 18. Juni die Hoffnung aussprechen konnte, mit den ersten Streitern beim Wiederausbruch des Krieges sein zu können. „Alle jauchzten,“ so schreibt ein Zeitgenosse, „ihn bald zur Armee zurückzuführen.“ Gott der Herr hatte es anders beschlossen. Er nahm ihn hinweg. Grausame Fügung! Mit seiner ureigensten Schöpfung, der neuen preußischen Armee, die Feuerprobe im unglücklichen Kampf bestehen zu dürfen, wurde ihm vergönnt, mit ihr auch den Siegeslorbeer zu brechen, das wurde ihm von dem Herrn über Leben und Tod versagt. Mit ihm ging der Besten einer hinüber. Wie Blücher und Gneisenau, wie Stein, auch kein Preuße, hat er an erster Stelle den Grundstein zu Preußens neuer Machtstellung zu legen geholfen, dieser kluge und überlegte, tatkräftige und unermüdliche, ehrgeizige Sohn der hannoverschen Erde! 58 Jahre war er alt geworden. Aus hannoverschen Diensten war er 1801 in preußische übergetreten. Mit ihm kam in sein neues Vaterland ein echter Mensch, kein „ausgeklügelt Buch", ein Soldat durch und durch, mit dem starken Willen, etwas Außerordentliches zu leisten. Zwölf schicksalsvolle Jahre hat er ihm gedient. Sehr bald erkannte er, daß der Geist des großen Friedrich aus seiner Schöpfung, dem Heere, gewichen sei. Allein diese Einsicht hatten nur wenige, des Keulenschlages von 1806 bedurfte es noch, um dies zum allgemeinen Bewußtsein zu bringen. Daher vermochte er auch nicht, vorher mit seinen Vorschlägen zur Verbesserung des Heerwesens durchzudringen. Jetzt aber wurde er von seinem König an die Spitze der neuernannten „Militärreorganisationskommission" gestellt. Mit Ueberwindung aller Gegeneinflüsse vollendete er in zähester Arbeit das große Werk. Er war es, der dadurch die Wiederaufrichtung Preußens und damit die Befreiung ganz Deutschlands vom französischen Joch vorbereitete.

Mit welchen Gefühlen und Empfindungen, mit welcher Spannung und Erwartung Scharnhorst Ende März den schon im Marsch befindlichen Truppen nachgeeilt war, mit welcher Genugtuung ihn die Haltung der Truppen im Gefecht erfüllt hatte, wer könnte sich das nicht vorstellen! Und nun hörte das Herz dieses „Organisators des Sieges" gerade dann auf zu schlagen, als seine große Schöpfung ihn am wenigsten entbehren zu können schien. Seine Bedeutung wurde nicht erst von denen, die nach ihm kamen, erkannt. Gneisenau, sein Gehülfe und Nachfolger im Stabe Blüchers, schreibt: „Scharnhorst war einer der ausgezeichnetsten Männer unserer Zeit. Das rastlose, stetige, planvolle Wirken nach einem Ziele, die Klarheit und Festigkeit des Verstandes, die umfassende Größe der Ansichten, die Freiheit von Vorurteilen des Herkommens, die stolze Gleichgültigkeit gegen äußerliche Auszeichnungen, der Mut, in den unscheinbarsten Verhältnissen, mit den schlichtesten Mitteln durch die bloße Stärke des Geistes den größten Zwecken nachzustreben, jugendlicher Unternehmungsgeist, die höchste Besonnenheit, Mut und Ausdauer in Gefahr, endlich die umfassendste Kenntnis des Kriegswesens machten ihn zu einem der merkwürdigsten Staatsmänner und Soldaten, auf welche Deutschland je stolz sein durfte."

Nur schwer trennen wir uns von dem Bilde dieses Mannes. Der Rufer zum Streit gegen die Welschen, Arndt, wandte sich an die trauernden Kampfgenossen mit der Frage:

„Wen erlest ihr für die großen Toten,
Die einst ritterlich fürs deutsche Land
Ihre Brust dem Eisen boten,
Wen erlest ihr als den rechten Boten,
Götter, zu dem Schattenstrand?“

Und als Antwort klingt es in stolzer Trauer:

Nur ein Held mag Heldenbotschaft tragen,
Darum muß Germaniens bester Mann,
Scharnhorst muß die Botschaft tragen:
„Unser Joch, das wollen wir zerschlagen, und
Der Rachetag bricht an!“

Während eifrig auf beiden Seiten die Soldaten an der Arbeit waren, ruhten auch die Herren „Diplomatiker“, wie Blücher die Staatsmänner nannte, nicht. In Reichenbach fand am 27. Juni eine Zusammenkunft von Vertretern Rußlands, Oesterreichs und Preußens statt. Man kam überein, Napoleon durch Oesterreich die Bedingungen vorzulegen, unter denen man geneigt sei, dem Waffenstillstand einen Frieden folgen zu lassen. Nähme er sie nicht an, so solle dies mit der Kriegserklärung auch von seiten Oesterreichs beantwortet werden. Metternich war es, der sich nach Dresden begab, um Napoleon hiervon Kenntnis zu geben. Als er als Bedingungen für einen Frieden die Wiederherstellung Preußens und der Hansestädte, die Auflösung des Großherzogtums Warschau und die Rückgabe von Illyrien an Oesterreich bezeichnete, war die erste Antwort des enttäuschten Kaisers ein Wutausbruch. Das wagte man ihm nach zwei siegreichen Schlachten zu bieten?! Darauf war die einzige Antwort nur mit dem Schwerte zu geben. „Was liegt mir am Frieden,“ herrschte er Metternich an, „ich bin im Felde aufgewachsen, und ein Mann wie ich kehrt sich wenig um das Leben einer Million Menschen.“

Voll kalten Hohnes fügte er hinzu: „Die Franzosen können sich nicht über mich beklagen. Um sie zu schonen, habe ich die Deutschen und die Polen geopfert. Ich habe in dem Feldzuge von Moskau 300000 Mann verloren; es waren nicht mehr als 30000 Franzosen darunter.“ Dennoch schien

Zusammenkunft der drei Monarchen von Rußland, Oesterreich und Preußen bei Prag im August 1813.

Gezeichnet von Wolf, gestochen von Jügel. (Jostsche Sammlungen in Leipzig.)

Napoleon schließlich nachgeben zu wollen. Er erklärte, er werde zu Verhandlungen über einen Frieden Bevollmächtigte nach Prag schicken. Innerlich war er aber zur Fortführung des Krieges entschlossen. Er spielte Komödie. Allein diesmal fehlte dem Schauspieler der Erfolg. Die Verhandlungen verliefen ergebnislos. Der Waffenstillstand wurde zwar noch einmal um 14 Tage verlängert, allein um die Mitternacht zum 11. August verkündeten Feuerzeichen, die von Berg zu Berg aufflammten, daß es wieder Krieg sei. Die Ungewißheit, die wie eine Zentnerlast auf der Armee gelegen hatte, war damit endlich vorbei. „Sie hatte," wie es in Briefen heißt, „die Zeit der Waffenruhe zur Ewigkeit gemacht." Am 12. August erklärte auch Oesterreich Napoleon den Krieg. Schon gleich nach Abschluß des Waffenstillstandes hatte England, dessen Heer unter Wellington in Spanien die Franzosen hart bedrängte, alles getan, um den Abschluß eines Friedens zu verhindern. Ein solcher lag nicht in seinem Interesse; denn dann hinderte Napoleon nichts mehr, ihm gegenüber sehr bald eine gewaltige Ueberlegenheit in Spanien zu entfalten. Schon am 14. Juni stellte es daher durch den Vertrag von Reichenbach den Verbündeten Geldmittel zur Fortführung des Krieges zur Verfügung: zwei drittel Million Pfund den Preußen, dagegen eineinhalb Millionen Pfund den Russen. Auch verdoppelte es die Waffensendungen, die hauptsächlich der Ausrüstung der preußischen Landwehr zugute kamen.

Einen weiteren Zuwachs von Machtmitteln brachte noch der Beitritt Schwedens zu dem Bündnis gegen Frankreich. Schon einige Monate früher, am 18. März, waren 24000 Schweden unter Führung des Kronprinzen, des früheren französischen Marschalls Bernadotte, in Pommern gelandet. Auch diesem neuen Teilnehmer am Kampfe zahlte England Hülfsgelder, eine Million Pfund. Aber auch Napoleon hatte mittlerweile einen neuen Bundesgenossen bekommen: Dänemark stellte 12000 Mann zu seiner Verfügung.

Mit besonderer Umsicht und Geschicklichkeit hatte der Kaiser seine Operationsbasis, das Ausgangsgebiet für seine Unternehmungen, verstärkt und gesichert. Die Festungen Glogau, Magdeburg, Dresden und Erfurt machte er zu großen Magazinpunkten. Die Elblinie, die seinen Heeren als Zufuhrstraße diente, sicherte er durch Blockhausanlagen im Anschluß an die festen Plätze Magdeburg, Wittenberg, Torgau, Königstein und Pirna. Die Uebergänge über den Fluß wurden beträchtlich vermehrt und verbessert.

Schon in der ersten Hälfte des Monats Juni, ehe noch Oesterreich offen auf die Seite der Verbündeten getreten war, hatten in Trachenberg Verhandlungen über die Gliederung und Verwendung der gesamten Kräfte unter Einschluß der österreichischen im Falle des Wiederausbruchs der Feindseligkeiten stattgefunden. Sie waren während des Waffenstillstandes gewaltig angewachsen. Die zu Ende des Frühjahrsfeldzuges nicht mehr wie 60000 Mann zählende preußische Feldarmee war auf 223000 Mann gebracht worden. Rechnete man die Ersatz- und Besatzungstruppen hinzu, so ergab sich für Preußen eine Gesamtaufstellung von über 274000 Mann; für ein Land von nur 5000000 Einwohnern, eine Leistung einzig in ihrer Art. Der achte Teil der männlichen Bevölkerung stand unter den Waffen. Der Geist der Truppen war unübertrefflich. Er half hinweg über die zumal bei der Landwehr noch sehr großen Mängel in Ausbildung und Ausrüstung. Genährt wurde der kriegerische Geist durch die Ueberzeugung: wenn wir bis jetzt auch den Massen der Franzosen haben weichen müssen, so sind wir ihnen doch einzeln überlegen. Das hatte man in den Gefechten erprobt. Dazu kam der grimmige Haß gegen den Feind.

Die den Russen nachgeführten Verstärkungen waren während des Waffenstillstandes auf deutschem Boden angelangt. Hierdurch erreichte das russische Heer wieder eine Stärke von 184000 Mann. Oesterreich hatte in Nordböhmen 150000 Mann versammelt.

Vergleicht man die Stärken, mit denen jeder der Verbündeten erschien, so steht Preußen, der kleinste und ärmste Staat, an erster Stelle. Seine gewaltige Leistung trug aber auch jetzt schon die Belohnung in sich; denn aus einer Hilfsmacht Rußlands hatte es sich aus eigener Kraft zu einer selbständigen Großmacht erhoben. So standen mit den Schweden zusammen 581000 Mann zur Weiterführung des Kampfes im offenen Felde bereit, denen Napoleon nach Schätzung nur 448000 Mann entgegenzustellen vermochte. Wenn man die Güte der Truppen vergleicht, so war Napoleons Artillerie besser wie die seiner Gegner, seine Kavallerie jedoch wesentlich schlechter. Inwieweit Napoleons Meisterschaft in Verwendung seiner Kräfte seine Unterlegenheit an Zahl auszugleichen verstehen würde, darauf wartete die Welt mit Spannung. Zunächst aber tritt er selbst noch nicht auf dem Schlachtfeld auf.

Der erste Sieg: Großbeeren

In drei Heere gegliedert: in ein böhmisches, ein schlesisches und ein Nordheer, traten die Verbündeten in den neu entbrennenden Kampf ein. Der Oberbefehl ging von den Russen auf die Oesterreicher über; dem Grafen Schwarzenberg, in dessen Hand auch die Führung der Hauptarmee, der böhmischen, lag, wurde das Oberkommando übertragen. In seinem Hauptquartier befanden sich die verbündeten Monarchen. Der Kern dieser in Nordböhmen zusammengezogenen Armee bestand aus Oesterreichern, 127 000 Mann. Hinzu traten 75 000 Russen unter Wittgenstein und 49 000 Preußen, darunter die Garden, unter Kleist. Sie erreichte so die ansehnliche Stärke von 251 000 Mann. Die in der Mark zusammengezogene Nordarmee unter dem Kronprinzen von Schweden zählte in den preußischen Korps Bülow und Tauentzien, dem russischen Wintzingerode und dem schwedischen 128 000 Mann, darunter 74 000 Preußen. Zu ihr gehörte auch noch das Korps Wallmoden in Mecklenburg, das aus 27 000 Hanseaten, Hannoveranern, Mecklenburgern und den Freikorps bestand. In Schlesien, im Verbande der schlesischen Armee, befanden sich 104 000 Preußen und Russen unter Blücher. Sein Stab war wieder auf das vortrefflichste zusammengesetzt. Wie vordem ergänzten sich General und Stabschef, zwei in manchem auch wieder so grundverschiedene Männer, auf das glücklichste. Dies wurde für die Lösung der an die Armee herantretenden Aufgaben von ausschlaggebender Bedeutung. Mit Gneisenau ward eine nicht minder bedeutende Persönlichkeit wie Scharnhorst Blüchers Ratgeber. Beider Namen sind durch ihr vorbildliches Zusammenwirken in der Kriegsgeschichte unzertrennlich geworden. Gedenken wir des rastlosen, kühnen, unermüdlichen, stets wagenden Marschall „Vorwärts“, so lenken sich von ihm unsere Blicke von selbst auf die ruhige, abgemessene, wägende Gestalt an seiner Seite. Dabei war Blücher durchaus nicht nur der Haudegen,

Gneisenau durchaus nicht nur der Denker. Beide waren vor allem Männer der Tat mit offenem Blick für die sich bietende Gelegenheit des Handelns. Wie sein Vorgänger, war auch Gneisenau kein Preuße. Sächsischer Offizier war sein Vater gewesen. Im Winterquartier Schilda, wohin die Mutter aus ihrer Heimat Würzburg dem Gatten nachgeeilt war, wurde er am 27. Januar 1760 geboren. Wie ein Märchen klingt die Geschichte seiner ersten Jugend. Der Sieg Friedrichs des Großen bei Torgau hatte die Sachsen zu eiligem Zurückgehen gezwungen. Auf einem offenen Bauernwagen mußte die Mutter mit ihrem Kinde in kalter Winternacht den fluchtartigen Rückzug mitmachen. Hierbei schlief sie, zu Tode ermüdet, ein, das Kind entglitt, ohne daß sie es merkte, ihren Armen und fiel auf die Landstraße. Dort wurde es von einem Soldaten gefunden, der es am anderen Morgen der der Verzweiflung nahen Mutter wieder in den Schoß legen konnte. Bald starb die Mutter, der Vater stand meist im Felde, der Knabe war verlassen. Er wurde der Familie eines alten Soldaten in Schilda übergeben. Hier wuchs er in bitterster Armut auf. Barfuß mußte er das Vieh hüten. Das neunte Lebensjahr brachte die Wendung in des verlassenen Knaben Geschick. Als er wieder einmal die Gänse hütete, vertiefte er sich, wie ihm das liebe Gewohnheit war, in das Gebetbuch seiner verstorbenen Mutter, die er nie gekannt. Es war das einzige Andenken, das sie ihm hinterlassen. Ein wandernder Handwerksbursche bat ihn um ein Almosen. Der Knabe, der nichts anderes als dies Buch hatte, schenkte es in seiner Herzensgüte dem Bettler. Was sollte dieser damit anfangen?! Er verkaufte es in Schilda selbst noch. Ein Gastwirt erstand es und brachte es, da er es erkannte, den Pflegeeltern des Knaben zurück. Diese hatten den Verdacht, der Junge habe es verkauft und den Erlös vertan. Die Folge war, daß der Knabe mißhandelt wurde. Das ging einem gegenüberwohnenden Manne, einem Schneider, ans Herz. Er erbarmte sich des armen Knaben. Da der Vater anscheinend verschollen war, schrieb er an den Großvater, dessen Namen und Wohnort aus dem Buche zu ersehen war. Eines Tages erschien in Schilda eine prächtige Kutsche aus Würzburg und führte den Knaben den Großeltern zu.

Der Soldatendienst reizte den klugen, gewandten, wohlgewachsenen Jüngling. 1779 trat er zuerst in die Dienste des Kaisers von Oesterreich, dann in die des Markgrafen von Ansbach-Bayreuth ein. Das war einer der deutschen Fürsten, die sich nicht schämten, ihre Truppen gegen Bezahlung den Engländern zur Führung ihrer Kriege über See zu überlassen. So kam er nach Nordamerika. Seine Hoffnung, etwas vom Kriege zu sehen, ging nicht in Erfüllung, da der Friede schon kurz vor seinem Eintreffen in Halifax geschlossen worden war. 1783 ist er wieder in Deutschland. Die bisherigen Verhältnisse waren ihm zu eng. 1786 wurde er auf sein Gesuch in das preußische Heer aufgenommen. In den Krieg 1806 rückte er, trüber Befürchtungen voll, aus. Im Gefecht bei Saalfeld wurde seine Kompagnie zersprengt, er selbst verwundet. Anfang 1807 wird er zur Leitung der Verteidigung nach der Festung Kolberg geschickt. „Solange ich hier zu befehlen habe, wird der Platz nicht übergeben," mit diesen stolzen Worten führte er sich in seine neue Stellung ein. Die Art, wie er hier die Verteidigung führte und seinem König so die Festung erhielt, bleibt ein Vorbild für alle Zeiten. Nach dem Friedensschluß gehörte er zu den Männern, auf die des Königs Wahl für die Arbeiten zum Wiederaufbau des Heerwesens fiel. Einem neuen Preußen half er so den Weg bahnen.

Nach dem in Trachenberg gemeinsam entworfenen Kriegsplan sollten alle Armeen auf Dresden, wo Napoleon war, vorgehen. Würde eine von ihnen hierbei von ihm angegriffen, so sollte sie dem Schlage ausweichen. Dies war dann von den anderen Armeen zu benutzen, um Napoleon in Flanke und Rücken zu gehen. Man hoffte auf diesem Wege mit den getrennt marschierenden Armeen schließlich vereint zum Schlagen zu kommen. Die große Ueberzahl, die man dann auf dem Schlachtfeld vereinigte, machte einen schnellen, vollen Sieg wahrscheinlich.

Napoleon beobachtete wie die Spinne im Netz, wie sich seine Opfer nahten. Der Nordarmee hatte er den ersten Schlag zugedacht. Marschall Oudinot sollte ihn führen. Er erhielt den Befehl, sich mit drei Armeekorps, 67 000 Mann, der preußischen Hauptstadt zu bemächtigen. „Se. Majestät," ließ er ihm schreiben, „nimmt an, daß Sie mit einer Armee wie die Ihrige ist, den Feind rasch zurückwerfen, Berlin einnehmen, die Einwohner entwaffnen, die Landwehr und die ganze Masse schlechter Truppen zerstreuen werden. Sollte Berlin Widerstand leisten, so lassen Sie die Stadt durch Granaten in Brand schießen." Zu seiner Unterstützung sollte Girard mit 14 000 Mann von Magdeburg, Davoust mit 37 000 Mann von Hamburg aus ebenfalls auf Berlin vorgehen. Napoleon selbst stellte mittlerweile seine Hauptkräfte so bereit, daß er mit ihnen Blücher oder Schwarzenberg anfallen konnte. Er versammelte 130000 Mann an der Katzbach und am Bober, 144000 Mann bei Zwickau, Görlitz, Bautzen. Als Reserve hielt er 35000 Mann in Dresden. Zur Erkundung begab er sich selbst zunächst nach Bautzen, von dort nach Löwenberg in Schlesien.

Hier hatte Blücher schon am 14. August aus der Schweidnitzer Gegend seinen Vormarsch angetreten. Sehr bald stößt er auf den Feind. Auf dem rechten Flügel wirft das russische Korps Sacken feindliche Truppen zurück und erreicht am 20. Bunzlau. Mit der Mitte gelangt York an demselben Tage bis Löwenberg. Der linke Flügel unter General Langeron trifft den Feind am Bober und schlägt ihn nach heftiger Gegenwehr. Am 21., nach der Ankunft Napoleons, gehen die Franzosen ihrerseits zum Angriff auf Löwenberg vor. Blücher wich, dem Kriegsplan entsprechend, dem, wie er erkannte, überlegenen Gegner aus. „Der Feind will uns zu einer entscheidenden Schlacht nötigen," so teilt er seinen Truppen in einem Tagesbefehl mit, „aber unser Vorteil erheischt, daß wir solche jetzt vermeiden. Die meinem Kommando anvertraute verbündete Armee sehe daher ihren Rückzug nicht als einen abgenötigten, sondern als einen freiwilligen an, der darauf berechnet ist, den Feind in sein Verderben zu führen." Der Feind drängte nach, am 23. kam es bei Goldberg und Bunzlau zu heftigen Nachhut=Kämpfen; Blücher hatte sich mit Geschick dem ihm zugedachten vernichtenden Schlage entzogen.

Die Truppen hatten sich wieder vortrefflich geschlagen, aber nicht unbeträchtliche Verluste erlitten. Dazu hatten sie die starken, meist nächtlichen Märsche bei schlechtem Wetter und unzureichender Verpflegung — in den letzten vier Tagen hatte nur einmal abgekocht werden können — und die nassen Biwaks bei zum großen Teil mangelhafter Bekleidung sehr mitgenommen! Trotzdem war der Geist vorzüglich geblieben. Es war jedoch Blücher klar, daß es mit Rücksicht auf die Truppen doch einmal mit dem Zurückgehen ein Ende nehmen müsse. Er beschloß daher vorzugehen und die Entscheidung in einer Schlacht zu suchen.

Gleichzeitig mit Blücher hatte Schwarzenberg den Vormarsch begonnen. Dies veranlaßte Napoleon, selbst von der schlesischen Armee abzulassen und ihr gegenüber nur schwächere Kräfte zu belassen — für die nächste Zeit traute er ihr keine Kraft zum Vorgehen zu. Er selbst stellte sich zum Empfang der Oesterreicher bereit.

Alles schien nach Wunsch gehen zu wollen, im Geiste sah er Berlin wiedergenommen, Blücher durch Mac Donald in Schach gehalten. Daß es selbst ihm gelingen werde, die Oesterreicher dahin zurückzuwerfen,

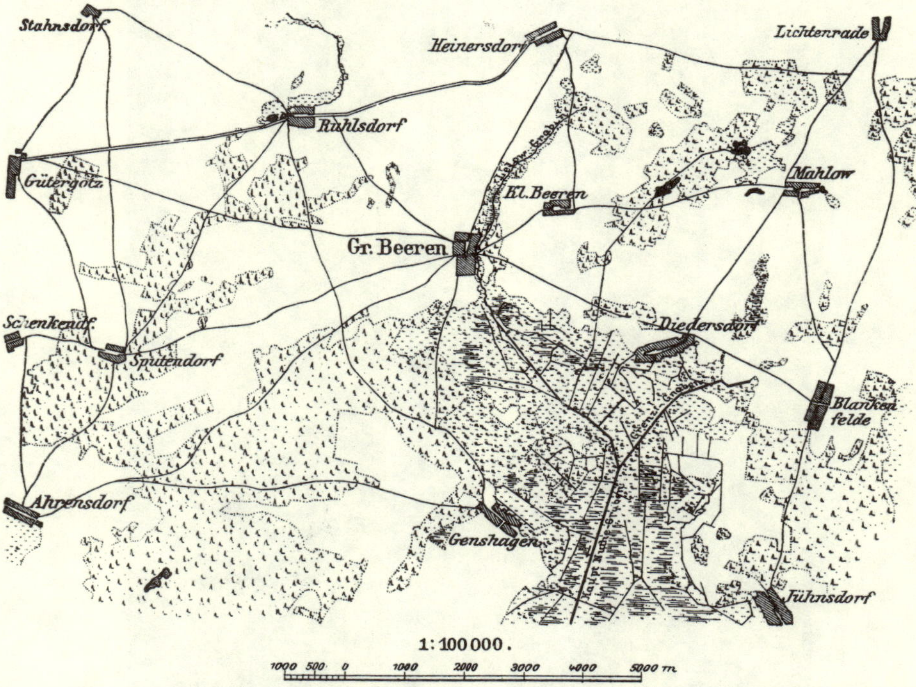

woher sie gekommen waren, daran zweifelte er nicht im geringsten. Allein da trat eine Wendung ein und gerade durch ein Ereignis, das Napoleon am wenigsten erwartet hatte. Oudinot wurde bei seinem Vordringen auf Berlin angegriffen und bei Großbeeren am 23. August entscheidend geschlagen.

Der Kronprinz von Schweden hatte dem Anmarsch des Feindes gegenüber seine Kräfte südlich Berlin zusammengezogen. Am 21. und 22. August hatten die ersten Berührungen mit dem in drei Heeressäulen nebeneinander anrückenden Gegner bei Trebbin und an der Nuthe und Notte stattgefunden. Als am 23. die Franzosen sich auf ihrem Weitermarsch dem Nordrand der großen Waldungen südlich Großbeeren näherten, stand Tauentzien in Blankenfelde,

Bülow bei Heinersdorf mit Vortruppen in Großbeeren, Wintzingerode und das schwedische Korps bei Ruhlsdorf=Gütergotz. Die französischen Kolonnen marschierten nicht auf derselben Höhe. Daher stieß schon um 10 Uhr morgens eine, die rechte Kolonne auf Tauentzien, während die

Gemälde von Gebauer. Tauentzien. (Hohenzollernmuseum.)

beiden anderen noch weiter zurück waren. Dieser setzte ihr einen solchen Widerstand entgegen, daß der französische General gegen Mittag beschloß, zur Fortsetzung des Angriffs das Herankommen der anderen Kolonnen abzu=warten. Noch über drei Stunden dauerte es, ehe Reynier mit der mittleren Kolonne vor Großbeeren erschien. Dieser begnügte sich damit, das Dorf von Bülows Vortruppen zu säubern und ließ dann seine Truppen, meist Sachsen, hier zur Ruhe übergehen, ohne sich vorher Kenntnis davon verschafft zu haben, wie das Gefecht bei Bertrand stand. Von der dritten Kolonne

Die Lützower an der Leiche Theodor Körners in Wöbbelin, 27. August 1813.

war noch nichts zu sehen. Diese Sorglosigkeit und die Teilung des Feindes benutzte Bülow, um die Franzosen zu überfallen. Das trübe regnerische Wetter begünstigte sein Unternehmen.

Um 6 Uhr abends geht Bülow vor. „Schweden und Russen sehen auf uns, hinter uns liegt Berlin, vergeßt nicht, daß ihr Pommern seid," rief der General den vorgehenden, auf den Kampf brennenden Bataillonen zu. Die in ihren Biwaks mit Abkochen beschäftigten Sachsen wurden völlig überrascht, ihre Artillerie hatte die Entwicklung der preußischen Infanterie zum Angriff nicht mehr verhindern können. Sie warfen sich nach Großbeeren hinein, vermochten auch noch die flache Höhe westlich davon zu besetzen; dann aber entspann sich sofort auf der ganzen Linie ein furchtbarer Kampf Deutscher gegen Deutsche. Da die Gewehre bei dem heftigen Regen nicht losgingen, griffen die Preußen zu Bajonett und Kolben. Gleichzeitig von Kleinbeeren her umfaßt, wurde die sächsische Division im Kampfe Mann gegen Mann unter schweren Verlusten geworfen. Die von Sputendorf herbeieilende Division Durutte, Franzosen und Regiment Würzburg, vermochten ihr nicht mehr zu helfen. Rückwärts ging's, zunächst noch in leidlicher Ordnung dem Walde zu, aus dessen Schutz man vor wenigen Stunden sorglos herausgetreten war. Bald aber löste sich die Ordnung völlig, aus dem Zurückgehen wurde eine regellose Flucht. Ein Gegenstoß der zweiten sächsischen Division scheiterte. Reynier mußte für sie den Rückzug befehlen. Schon glaubte Bülow, die Schlacht sei gewonnen, da erschienen neue feindliche Kräfte. Die dritte Kolonne hatte am Mittag, schon nach kurzem Marsch, halt gemacht. Oudinot befand sich selbst bei ihr. Als der Kanonendonner gegen Abend wieder heftiger herübertönte, befahl er seiner Kavallerie sofort vorzugehen. Es dunkelte schon, als sie in der Gegend von Sputendorf erschien. Ihr warf sich sofort das Leibhusarenregiment entgegen. Es entspann sich hier mit dem Eingreifen neuer Schwadronen von beiden Seiten ein hin und her wogendes Reitergefecht. „Freund und Feind waren wie Mäusedreck und Pfeffer untereinander gemischt," erzählt ein Freiwilliger der Leibhusaren, „und man mußte immer erst fragen, ehe man zuschlagen konnte." Die Franzosen wurden aber auch hier schließlich geworfen. Die Entscheidung war damit endgültig gefallen. Oudinots Vorstoß auf Berlin war mißlungen; er ging auf Jüterbogk und auf Luckau zurück.

Die erste Schlacht nach dem Waffenstillstand war geschlagen; sie war ein Sieg der Preußen! Daß sie nicht mit völliger Vernichtung der Franzosen endete, lag an Bernadotte. Er verabsäumte, die Geschlagenen durch seine noch frischen Schweden und Russen zu verfolgen. Die Sieger selbst waren so ermattet, daß sie auf dem Schlachtfeld verbleiben mußten. Erst am 28. erreichte Tauentzien Luckau und verjagte aus ihm die Sachsen.

Der 27. brachte einen weiteren Erfolg der preußischen Waffen. Diesmal sollten die von Magdeburg auf Berlin vorgehenden Franzosen mit der von Napoleon so gering geschätzten Landwehr zu tun bekommen. Ihr Befehlshaber hatte auf seinem Vormarsch bei Belzig erfahren, daß Oudinot geschlagen worden sei und war umgekehrt. Auf dem Rückweg erreichte sie die Division Hirschfeld, die von Brandenburg vorgegangen war, und griff sie an. Trotz anfänglichen Mißerfolges gelang es schließlich doch, sie zu überwältigen. Furchtbar war der Ausgang. Der Feind wurde an die Dorfmauern gedrängt und nun machten Kolben und Bajonett seinem Widerstand ein Ende. „Keiner erhielt Pardon," schreibt ein Augenzeuge, „keiner entkam, alle wurden mit dem Kolben niedergemacht. Die Toten lagen höher als die Gartenmauern übereinander. Alle Torwege waren damit versperrt, der Amtshof und der Wasserteich waren damit angefüllt." 3000 Franzosen wurden getötet, 3000 gefangen. Von Girard war nichts mehr für Berlin zu fürchten.

Auch Davoust vermochte die preußische Hauptstadt nicht zu gefährden. Zwar wurden Wallmodens Truppen in mehreren kleinen Gefechten zurückgedrängt, allein auf die Nachricht von der Niederlage Oudinots gingen die Franzosen wieder nach Hamburg zurück. Aber einen empfindlichen Verlust hatten sie dem Gegner doch zugefügt.

Als noch kaum die Fanfaren über den ersten Sieg verklungen waren, ereilte einen der Edelsten, Theodor Körner, den Sänger der Befreiungskriege, das tödliche Blei im Gefecht bei Gadebusch am 26. August.

Am letzten Abend seines Lebens hatte er seinen Kameraden das Lied: „Du Schwert an meiner Linken" vorgelesen, die letzte seiner Dichtungen. Unter einer Eiche bei Wöbbelin bettete man ihn zur ewigen Ruhe.

Marschall „Vorwärts“ an der Katzbach

Wenden wir uns jetzt wieder zur schlesischen Armee. Seinem Auftrage gemäß setzte Mac Donald den Vormarsch gegen Blücher fort. Dieser hatte sich aber auch schon entschlossen, seine Truppen zum Angriff vorzuführen, denn, wie er erkannte, lag die Gefahr nahe, daß das fortwährende Zurückgehen die Truppen endlich doch entmutigen werde. Um so mehr hielt er einen Angriff für aussichtsvoll und auch für angezeigt, da er erfahren hatte, Napoleon habe einen Teil seiner Kräfte aus Schlesien nach Sachsen gezogen. Aus dem beiderseitigen Vormarsch kam es zur Schlacht an der Katzbach. Als Blücher bemerkte, daß die Franzosen sich dieser näherten, machte er halt, zog die schon auf das linke Ufer der wütenden Neiße gelangten Vortruppen auf die Hochfläche des rechten Ufers zurück und wartete ab. Es regnete stark, einen Ueberblick über die Bewegungen im Gelände hatte keiner der Gegner. Gneisenau ritt daher zur Erkundung vor und sah, daß schon starke feindliche Kolonnen die wütende Neiße überschritten hatten und die steilen Abhänge unter Blüchers Standpunkt zu erklettern begannen. Die Franzosen selbst hatten, wie sie später eingestanden, keine Ahnung von der Nähe des Feindes. Blücher stand mit den Preußen Yorks und den Russen Sackens auf den Höhen zwischen Eichholz und Bellwitzhof, mit den Russen Langerons bei Hennersdorf, auf dem linken Flußufer, bereit. Auf Grund der Beobachtungen seines Generalstabschefs gab nun Blücher den Angriffsbefehl. — Er galoppierte vor die Front und spornte die Truppen zur höchsten Tapferkeit an. Mit klingendem Spiel und schlagenden Tambours gingen die Bataillone vor. Wie mit einem eisernen Besen fegte ihr Ansturm alles die Abhänge hinunter in das Tal. In wildem Durcheinander stürzte der Feind, Reiter und Geschütz, Fußvolk und Wagen, die steilen Hänge hinab ins Tal der wütenden Neiße und weiter nach der Katzbach, die so angeschwollen war, daß sie nur auf den wenigen vorhandenen Brücken überschritten werden konnte. Durch die Fluten hindurch suchte man sich zu retten. Es entstand ein ungeheurer Wirrwarr.

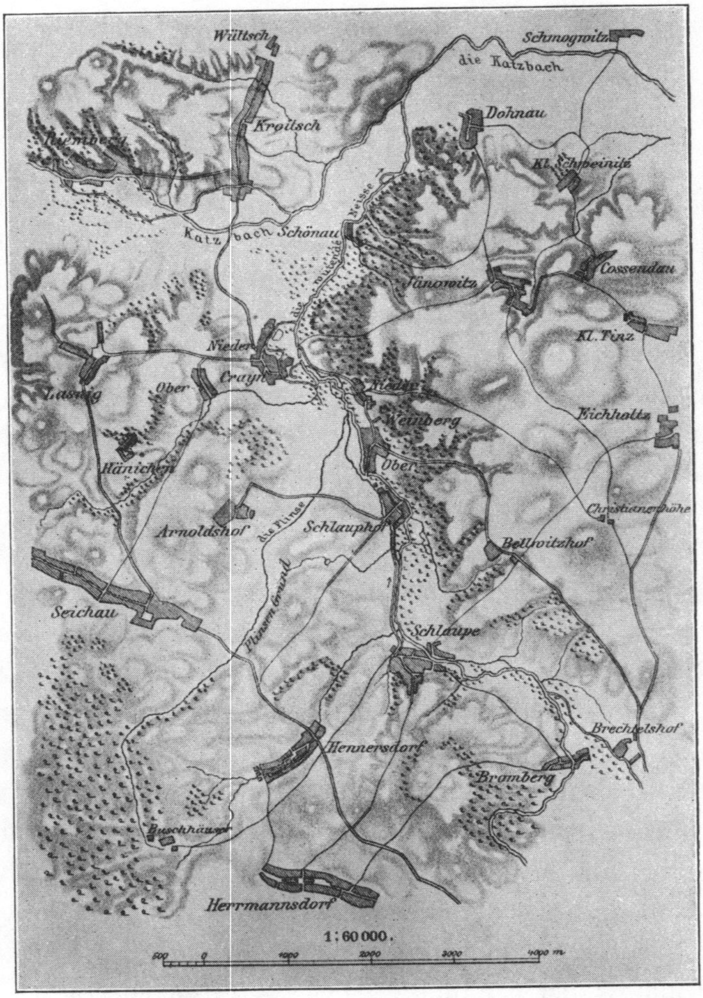

In diesen hinein feuerten Blüchers Batterien vom Talrand herunter — es war ein furchtbares Gericht, das hier die Preußen endlich einmal über ihre Unterdrücker abhalten konnten. Die Gewehre versagten beim Regen, mit Kolben und Bajonetten ging's drauf. Entsetzliche Szenen spielten sich hier ab.

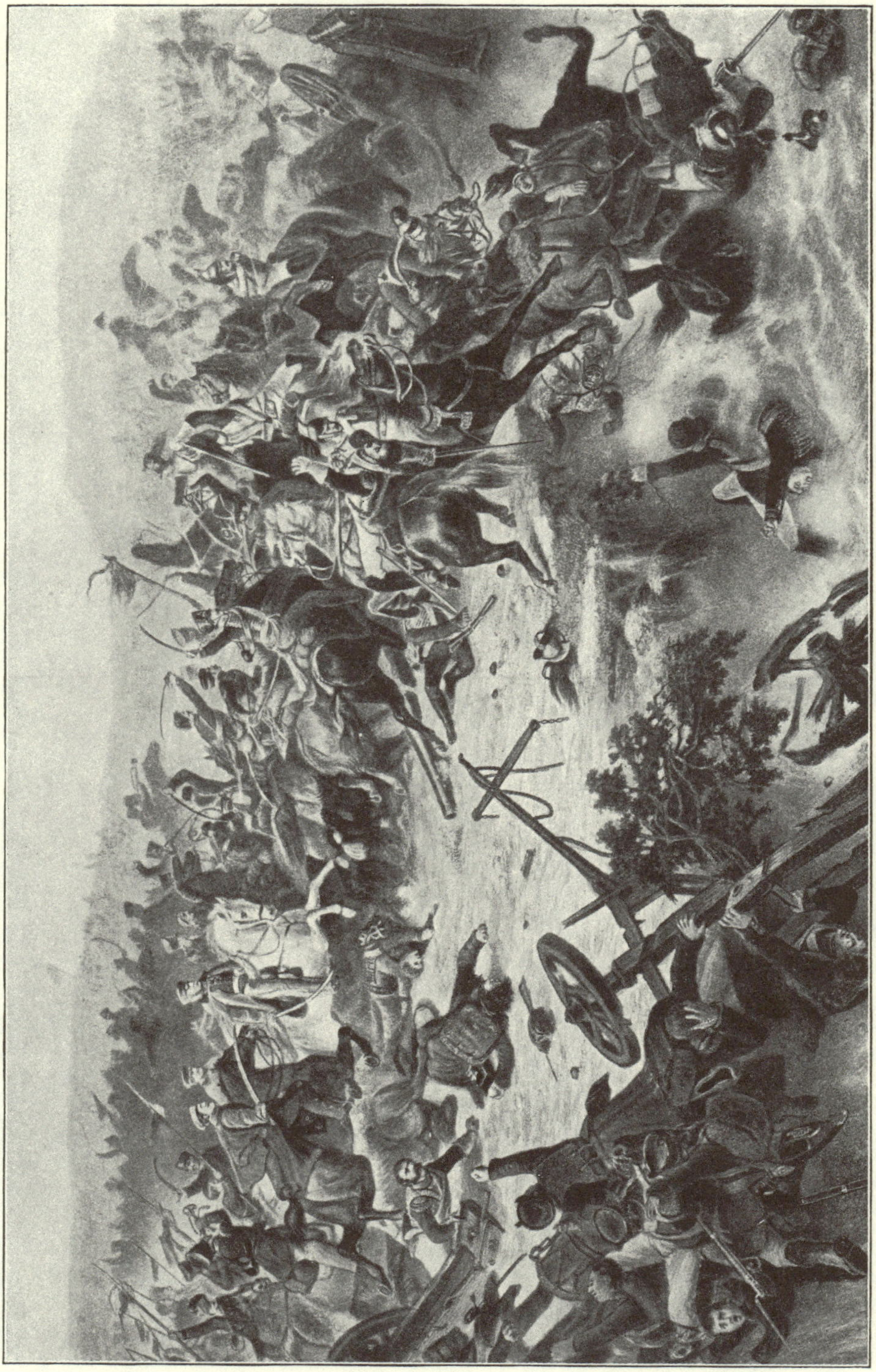

Blücher in der Schlacht an der Katzbach, 26. August 1813.
Nach dem Gemälde von G. Bleibtreu.

Ein Viereck französischer Grenadiere „wurde von einem brandenburgischen Bataillon so verarbeitet, daß es binnen zehn Minuten zu Boden geschlagen und in eine Pyramide verwandelt dalag“. Als die Infanterie in erfolgreichem Vorgehen war, gab Blücher auch für die Kavallerie den Befehl zum allgemeinen Angriff. Selbst setzte er sich mit gezogenem Säbel an die Spitze der preußischen Schwadronen und führte sie neben der russischen Reiterei vor. Ein wilder, heftiger Reiterkampf entbrannte, da auch die französische Kavallerie zur Entlastung ihres schwer bedrängten Fußvolks herbeieilte. Sie wurde geworfen, verfolgt, gejagt, vernichtet. Die Schlacht war gewonnen, gewonnen mit verhältnismäßig geringen Opfern. „Das Feuergewehr,“ so schreibt General von Unger, „hatte bei der Entscheidung kaum mitgesprochen. Das Bewußtsein, gegen die angeschwollenen Gewässer getrieben zu werden, hatte in der französischen Armee den vollen Eindruck einer verlorenen Schlacht hervorgerufen.“ Der Schrecken, der die beim Ersteigen der Hochfläche so unvermutet angefallenen und geschlagenen Truppen ergriff, pflanzte sich auch auf die noch weiter zurückbefindlichen Teile fort. Die Tapferkeit der jungen französischen Soldaten schlug beim Rückzug in Kopflosigkeit um. „Durch den Marsch in dem Unwetter erschöpft, das Gewehr nur noch als blanke Waffe brauchbar, sahen sie sich vor die Wahl gestellt, in den Wogen reißender Flüsse oder durch die Piken der Landwehrleute und Kosaken umzukommen.“ Wahrlich, Blücher hatte Grund, den Regenstrom dieses Tages als „seinen lieben Verbündeten von der Katzbach“ zu begrüßen. Gneisenau schrieb: „Die Schlacht hatte ganz das Aussehen einer des Altertums. Das Feuer schwieg während derselben gegen Ende des Tages ganz. Nur das Geschrei der Streitenden erfüllte die Luft. Die blanke Waffe entschied.“ Wie mag Blücher aufgejauchzt haben, als er endlich, endlich einmal die Franzosen auf der Flucht sah. „Heute war der Tag,“ schrieb er an seine Frau, „den ich so sehnlichst gewünscht habe, wir haben den Feind völlig geschlagen.“ Wie freute sich der greise Held, „daß er den Kerls einmal ordentlich eins ausgewischt habe“. Aber nicht nur zu siegen verstand der Held im Silberhaar, sondern auch den Sieg auszunützen. „Nach der Schlacht wollte alles Ruhe,“ schreibt er selbst. „Ich dagegen befahl, daß von Menschen und Pferden die letzte Kraft angewendet und der Feind rastlos verfolgt werden sollte. Sitzen wir dem

Feind nicht auf dem Leibe, so steht er natürlich wieder, und wir müssen durch eine Schlacht erreichen, was wir mit der Verfolgung erreichen können, wenn wir mit Energie verfahren. An die Klage der Kavallerie muß man sich nicht kehren, denn wenn man so große Zwecke, als die Vernichtung einer ganzen feindlichen Armee erreichen kann, kann der Staat wohl einige hundert Pferde verlieren, die aus Müdigkeit fallen.“ Die Verfolgung wurde denn auch trotz des Austretens aller Gewässer und trotz des noch immer niederströmenden Regens, obwohl es an Patronen mangelte, sofort eingeleitet und mit einer beispiellosen Tatkraft und mit großem Erfolg durchgeführt. Am 29. August gelang es, eine ganze feindliche Division bei Löwenberg zu vernichten. Erst am 1. September, dicht vor Görlitz, wurde sie eingestellt; 18000 Gefangene, 2 Adler, 103 Geschütze, 200 Munitionswagen brachte sie ein. Blücher aber richtete einen Tagesbefehl an seine unübertrefflichen Truppen: „Schlesien ist vom Feinde befreit. Eurer Tapferkeit, brave Soldaten der preußischen und russischen Armee unter meinem Befehl, Eurer Anstrengung und Ausdauer, Eurer Geduld im Ertragen von Beschwerden und Mangel verdanke ich das Glück, eine schöne Provinz den Händen eines gierigen Feindes entrissen zu haben. Heute abend 6 Uhr ist Gottesdienst und nach demselben wird für den Sieg an der Katzbach und die Befreiung von Schlesien Viktoria aus großen und kleinen Geschützen geschossen. Ein dreimaliges Freudenfeuer beschließe die Stunde, die Ihr der Andacht weiht. Dann sucht Euren Feind aufs neue auf.“

In einigen Tagen hoffte man vor Dresden, wohin die Hauptarmee ihren Marsch gelenkt hatte, einzutreffen. „Herr Napoleon wird nun wohl zu Paaren getrieben werden,“ meinte Marschall „Vorwärts“.

Wechselndes Glück: Dresden und Kulm

Die böhmische Armee hatte am 22. August die sächsische Grenze in der Richtung auf Leipzig überschritten. In beschwerlichsten Märschen war sie mit ihren 150000 Mann in fünf Heeressäulen nebeneinander durch das Erzgebirge zwischen Nollendorf und Joachimstal gezogen. Nur schwache feindliche Postierungen hatte man angetroffen, die weichen mußten, ohne eine Verzögerung des Marsches erreicht zu haben. Auf die Nachricht, daß Napoleon mit seinen Hauptkräften nach Schlesien abmarschiert sei, wurde auf Dresden abgebogen, wo die Anwesenheit nur eines französischen Korps unter St. Cyr festgestellt war. Am 25. August kam man bereits vor der sächsischen Hauptstadt an – hätte ein Blücher hier geführt, wäre sofort zum Angriff geschritten worden. Man hätte dann die sächsische Hauptstadt in seine Gewalt bekommen, ehe Napoleon wieder heran sein konnte. Allein Schwarzenberg war kein Blücher, auch war die Anwesenheit Alexanders und Friedrich Wilhelms nicht dazu angetan, schnelle, kühne Entschlüsse zu begünstigen. „Wir wollen fortfahren zu manövrieren," meinte der Zar, „bis des Feindes Pläne besser aufgeklärt sein werden." Dabei sah man ruhig zu, wie mit aller Macht an der Vollendung der zum Schutz der Stadt vorgeschobenen Erdwerke gearbeitet wurde. Ein kräftiger Angriff wäre die beste Aufklärung gewesen. Statt dessen verlor man Zeit, die dem Gegner allein und nur allzusehr zustatten kam. Während man in Schwarzenbergs Hauptquartier überlegte und wägte, handelte Napoleon. Auf die Nachrichten von der Annäherung seiner Feinde hatte er alles auf Dresden in Marsch gesetzt. So kam es, daß zur Zeit, als sich Schwarzenberg am folgenden Tage schließlich doch auf dem linken Elbufer zum Angriff auf die Stadt entwickelte, auf dem rechten Elbufer von Bautzen her Napoleon sich dem Kampfplatz näherte.

Von den Verbündeten wurde am frühen Morgen des 26. August in breiter Front vorgegangen — von Blasewitz und Striesen mit den Russen, links davon mit den Preußen, daneben, zu beiden Seiten des Plauer Grundes bis zur Elbe unterhalb der Stadt mit den Oesterreichern. Gleichmäßig wurde die Artillerie vorgezogen und die Stadt beschossen, um der

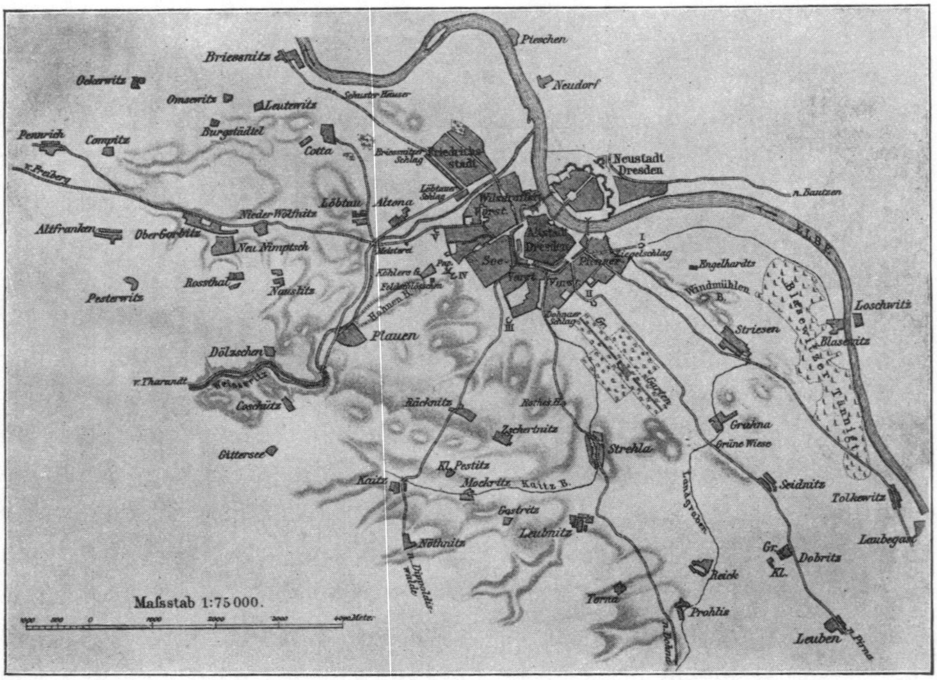

Infanterie den Angriff gegen die verstärkte Stadtumwallung zu erleichtern. Sie fand schon im Vorgelände schwere Arbeit, da die Franzosen den ersten Widerstand noch vor den Vorstädten leisteten, um den Feind möglichst weit von der Stadt abzuhalten. Sie wehrten sich doppelt tapfer und umsichtig, da sie wußten, daß Napoleon selbst schon mit den ersten Verstärkungen eingetroffen war. „Das Bewußtsein schon, ihn innerhalb der Mauern zu wissen, wirkte elektrisierend.“ An der Elbbrücke hielt er und gab den ankommenden Regimentern Befehl, wo sie den bedrängten Kameraden helfen sollten.

Die Schlacht bei Dresden, 26. August 1813. Angriff der Russen.
Nach einer Zeichnung von C. Vernet.

„Alle," schreibt ein Augenzeuge, „schienen darüber Hunger und Müdigkeit zu vergessen." Welchen Eindruck der Kaiser auf die Umgebung machte, schildert derselbe Gewährsmann: „Im Anschauen konnte ich mich des Gedankens nicht erwehren, er sei nicht Mensch, wenn meine Einbildungskraft auch keinen Gott, sondern ein anderes noch nicht dagewesenes unbegreifliches Wesen in ihm zu sehen glaubte."

Der Verlauf des Kampfes an dem regnerischen Augusttage war bis zur dritten Stunde des Nachmittags folgender: Die Russen waren schnell an die feindliche Stellung herangekommen, sie hatten sogar schon einige vor ihr liegende Gehöfte genommen. Da wurden sie durch einen Gegenstoß der eben auf dem Kampfplatz eingetroffenen jungen Garde wieder zurückgeworfen. Weiter westlich waren Russen und Preußen vereint in den „großen Garten" eingedrungen, der hier einen vortrefflichen Stützpunkt für den Verteidiger bildete. Bis auf seinen, durch einen Verhau abgeschlossenen nordwestlichen Teil hielten sie ihn allen Wiedereroberungsversuchen gegenüber. Den meisten Erfolg hatten die Oesterreicher, die durch die Erstürmung Löbtaus und des Feldschlößchens, dicht vor der befestigten Hauptstellung festen Fuß gefaßt hatten.

Um 4 Uhr erneuerte sich der allgemeine Infanterieangriff auf die Stadt. Kräftig wurde er vorwärts getragen, schon war es gelungen, an einigen Stellen in die Vorstädte einzudringen, da ließ Napoleon den Gegenangriff los. Trotz verzweifelten Widerstands wurden die Russen bis hinter Striesen zurückgeworfen. Die Preußen verloren den „großen Garten" bis auf den Südwestzipfel. Die Oesterreicher, die schon eine Schanze gestürmt hatten, wurden wieder aus ihr herausgeworfen. Als die Dunkelheit dem Kampf ein Ende machte, waren die Verbündeten hinter die Linie zurückgedrängt, aus der sie am Vormittag zum Kampf vorgegangen waren.

Die Nacht zum 27. August war für die Truppen eine der schrecklichsten des ganzen Krieges. Sie litten Mangel an allem, und dabei strömte der Regen ununterbrochen nieder. „Der Soldat," heißt es im Bericht eines Feldgeistlichen, „fünf Tage lang ohne Brot, von dem beschwerlichen Gebirgsmarsch ermattet, Tag und Nacht unter dem Gewehr und jetzt bis auf die Knochen durchnäßt, vor Frost und Kälte zitternd, sah nichts als den gewissen Tod vor Augen, wenn er diese Stadt mit Sturm nehmen sollte." Auf diese erschöpften Truppen nun richtete Napoleon am folgenden Morgen seinen umfassenden Angriff. 120000 Mann standen ihm hierzu zur Verfügung. In der Nacht waren die letzten beiden französischen Korps in Dresden eingetroffen. Auf den Höhen zwischen Reik und Nöthnitz standen die Verbündeten. Während Napoleon den Angriff durch ein gewaltiges Artilleriefeuer gegen die ganze Front vorbereitete, stellte er seine Infanterie bereit. Gegen den rechten Flügel und die Mitte wollte er nur ein hinhaltendes Gefecht und damit den Entscheidungsstoß gegen den linken Flügel führen. Hier standen die Oesterreicher. Ihnen gegenüber ballte er seine Truppen zusammen. Murat und Victor führten den Angriff aus; er gelang völlig. Nach kurzem, schwerem Kampfe war alles, was hier stand, in die Flucht geschlagen. Die Verbündeten mußten den Rückzug für alle Teile befehlen.

Die Schlacht von Dresden hatten sie verloren. Niedergedrückt trat die kaum mehr schlachtfertige Armee unter dem Schutz der Dunkelheit den Rückmarsch dahin an, woher sie so kampfesmutig gekommen war, nach Böhmen, jedoch um 35000 Mann, die die zweitägige Schlacht gekostet hatte, schwächer.

Noch einmal hatte Napoleon seine Meisterschaft auf dem Schlachtfelde bewährt, die Reihe seiner Siege um einen der glänzendsten vermehrt. Man weiß nicht, was man mehr bewundern soll, den scharfen Blick, mit dem er die Lage des Gegners erkannte und ihre Schwäche herausfand, oder die Schnelligkeit und Geschicklichkeit, mit der er diese ausnutzte. Selbst an Streitern unterlegen, verstand er, der verwundbarsten Stelle des Feindes gegenüber überlegene Kräfte zu versammeln und den Stoß so wuchtig zu führen, daß er bald jedem Widerstand ein Ende machte.

Als die Entscheidung gefallen war, ritt er im Triumph in Dresden ein und begab sich zu seinem Verbündeten, dem König von Sachsen. „Aus den Aermeln und von dem Schoß des grauen Ueberrocks troff der Regen und die Krempe des Hutes fiel über den Nacken herab.“ Hinter ihm her wurde ein schier endloser Zug von Gefangenen in die Stadt geleitet. 25 Fahnen und 26 Geschütze wurden als Siegesbeute nach dem Schloß gebracht.

Seine Truppen waren zu ermüdet, um die Verfolgung sofort aufzunehmen. Allein schon das Frühlicht des nächsten Tages sah die Marschkolonnen des Siegers in Bewegung, dem Besiegten nach, auf Böhmen zu.

Die Lage des geschlagenen Hauptheeres war eine äußerst gefahrvolle, fast verzweifelte geworden. Sein Untergang schien besiegelt, denn schon schickte sich neuer Feind an, ihm den Rückweg abzuschneiden. Bereits während um Dresden gerungen wurde, hatte Napoleon in der Gewißheit seines Erfolges in der Schlacht an dessen Ausnützung gedacht. Marschall Vandamme, der in Pirna stand, hatte er angewiesen, jetzt schon gegen die Rückzugslinie der Verbündeten vorzugehen. Geschlagen, hinter sich und vor sich den Feind, wie konnte man noch hoffen, der völligen Vernichtung zu entrinnen?! Wegen der Nähe Vandammes hatte man sich in drei Kolonnen zusammengedrängt, um das Gebirge zu überschreiten. Furchtbare Anstrengungen legte dieser Rückmarsch den ermatteten Truppen auf. „Russische, preußische, österreichische Wagen mischten sich ohne Ordnung durcheinander. Es regnete unbarmherzig. Die Bergströme stürzten sich mit wilder Flut in die Wege und rissen alle Brücken fort. Vieh und Menschen zitterten vor Kälte und Nässe. In den Dörfern waren alle Häuser verlassen, kein bißchen Brot war zu haben," so lautet der Bericht eines Teilnehmers an jenem Zuge. Von Stunde zu Stunde sank die Leistungsfähigkeit der Truppen, die Mannszucht lockerte sich, die Begeisterung für die große Sache drohte unter den Entbehrungen, die kein Ende nehmen wollten, zu erlöschen. Zum Glück kam Vandamme nur sehr langsam vorwärts, da er seine Ueberlegenheit im Gebirge nicht ausnutzen konnte. Es gelang so 20000 Russen unter dem Herzog von Württemberg, ihn beim Ueberschreiten des Peterswalder Passes solange aufzuhalten, daß er erst am 29. August durch das Tal von Kulm nach Böhmen herabsteigen konnte. Diese Zeit aber hatte König Friedrich Wilhelm benutzt, um alles, was weiter westlich aus dem Gebirge heraustrat, gegen Vandamme in Marsch zu setzen. Gelang es, diesen zu schlagen, so war nichts Ernstliches zunächst mehr hier zu befürchten, da Napoleon mittlerweile die Verfolgung eingestellt hatte. Ehe aber gegen den französischen Marschall eine Ueberlegenheit vereinigt werden konnte, war noch ein letzter Angriff von ihm abzuwehren. Machtvoll drang Vandamme am 28. und 29. August vorwärts. Er wußte, was auf dem Spiel stand. Er wollte alles, was sich ihm entgegenstellte, baldigst verjagen, denn sonst konnten die Verbündeten sich mit ihren Kolonnen aus den Gebirgspässen herausgewickelt haben, ehe er zu ihrem Empfang bereit stand. Bei Priesten, an der Straße Kulm—Teplitz traf er auf die sich nur allmählich verstärkenden Russen. An Tapferkeit ließen es die französischen Soldaten, an Geschicklichkeit ihre Offiziere nicht fehlen. Allein an der russischen Zähigkeit scheiterte alles. Vandamme war es nicht gelungen, vor den Verbündeten nach Böhmen zu kommen.

Friedrich Heinrich Ferdinand Emil Graf Kleist von Nollendorf.

Zu den Abteilungen, die der preußische König auf Kulm beordert hatte, gehörte auch das preußische Korps Kleist. Es war auf dem Marsch durch das Gebirge in Fürstenwalde angekommen, als es das neue Marschziel erhielt. Dies schnell zu erreichen, war nicht so einfach. Das Nächstliegende wäre gewesen, auf dem kürzesten Wege nach Priesten herabzusteigen. Allein die Straßen dahin waren durch umgestürzte und steckengebliebene Fahrzeuge verstopft, ein Durchkommen der Artillerie völlig unmöglich. Was war zu tun? In den Kampf eingreifen mußte man. Wer nicht wagt, der nicht gewinnt! Kleist, von seinem Generalstabschef v. Grolmann beraten, entschloß sich, auf einem Feldweg, der über den Kamm des Gebirges führt und bei Nollendorf, nordöstlich von Kulm, die große Straße Pirna—Teplitz erreicht, sein Korps vorzuführen, und dem mit der Front nach Südwesten im Kampf stehenden Vandamme in den Rücken zu fallen. Vollbewußt war sich Kleist der Gefahr, die er bei Ausführung seines Entschlusses lief. „Die Lage, in der ich mich befinde, ist verzweiflungsvoll," meldete er an den König zurück. „Unter diesen Umständen habe ich mich entschlossen, auf Nollendorf zu marschieren und mich mit dem Degen in der Faust durchzuschlagen."

Am 30. August, um 5 Uhr morgens brach das Korps auf, gegen 8 Uhr schon begann es von Nollendorf, wo sofort eine französische Munitions-kolonne erbeutet wurde, in das Tal in Richtung auf Kulm herabzusteigen. Bereits seit 7 Uhr begleitete den Marsch Kleists immer heftiger von Süden herüberschallender Kanonendonner. Vandamme und der Russe, beide waren zum Angriff vorgegangen. In Zugfront stieg Kleists Infanterie in das Tal herab, sehr schnell wurde auch die Artillerie in Stellung gebracht. 10 Uhr mochte es immerhin geworden sein, als hier der erste Schuß fiel. Vandamme hatte die ihm gemeldete Annäherung von Truppen von Nollendorf her nicht sehr beunruhigt, er hielt sie für französische, die ihm zur Hülfe eilten — wo sollte aus der Richtung noch ein Feind her-kommen? Sehr bald belehrten ihn die einschlagenden Geschosse aber eines anderen. Schnell traf er Gegenmaßregeln. Nach Vordertellnitz, wo die Straße von Nollendorf die Ebene erreicht, sandte er, was er zunächst zur Hand hatte, seine Kavallerie, und warf sie Kleists vordersten Abteilungen entgegen. Ihr gelingt es auch, die Vorhutreiterei der Preußen zu werfen und der dicht dahinter folgenden Infanterie einigen Aufenthalt zu bereiten. Arbesau besetzt er stark, um Kleists Infanterie zunächst Halt zu gebieten. Alles, was er in der Front entbehren kann, zieht er von dort zur Verwendung gegen Kleist weg. Den Russen gegenüber beschränkt er sich von jetzt ab auf die Abwehr. Er war keinen Augenblick zweifelhaft darüber, wo der Schwer-punkt des Kampfes lag und um was es sich handelte. Gelang es ihm nicht, Kleist zu schlagen, dann war sein Los besiegelt, dann blieb nichts übrig, als die Waffen zu strecken. Gegen 11 Uhr kann er mit zwölf Bataillonen selbst zum Angriff gegen Kleist vorgehen. Noch war nicht die gesamte preußische Infanterie aus dem Engwege heraus, als dieser überlegene Angriff ihre vorderste Brigade trifft. Sie wird geworfen. Die zunächst eingreifenden schlesischen Landwehrtruppen weichen vor dem Andrang der französischen Linienbataillone. Prinz August von Preußen geht mit der Fahne in der Hand

König Friedrich Wilhelm III. in der Schlacht bei Kulm, 30. August 1813.
Zeichnung von J. Kirchhoff.

den Streitern voran. Er will den Kampf wieder herstellen. Umsonst! Französische Kavallerie wirft sich auf die Trümmer der Bataillone, sie werden auseinandergesprengt. Sie sprengt in die Batterien hinein. Mehrere Geschütze werden genommen. Grolmann wird schwer verwundet. Kleist vermag sich nur mit Mühe zu retten. Das preußische Korps scheint verloren. Da wendet sich das Blatt! Eine neue preußische Brigade hatte sich mittlerweile zum Angriff entfaltet. Mutvoll geht sie vor. Nun ist auch des Feindes Kraft erschöpft. Diesen neuen Gegner vermochten die Franzosen nicht mehr von ihrem Wege hinwegzuräumen. Kleist sah die Frucht seines furchtlosen

Entschlusses reifen. Während die zunächst durchgebrochene französische Kavallerie der gerade das Gefechtsfeld erreichenden Infanteriebrigade Ziethen bei Nollendorf in die Hände geriet und furchtbar zerschossen wurde, begann sich die französische Infanterie bei Arbesau unter dem preußischen Feuer aufzulösen. Ganze Bataillone streckten die Waffen,

Oeffentliches Dankgebet König Friedrich Wilhelms III., des Kronprinzen und der preußischen Gardetruppen nach der Schlacht bei Kulm zu Teplitz am 1. September 1813.
Anonymer Kupferstich.

zumal da auch gegen Vandammes Front die Russen und Oesterreicher endlich Gelände gewannen. Zwischen Kleist und Barclay eingeklemmt, wurde Vandammes Korps vernichtet, er selbst mit 10000 Mann gefangen genommen.

Die Wirkung dieses Sieges war eine ganz gewaltige. Endlich einmal ein Erfolg, und zwar ein voller Erfolg auch bei der Hauptarmee.

Die nur zu natürliche Freude Napoleons über das Gelingen seines Schlages bei Dresden war sehr bald gedämpft worden. Eine schlimme

Nachricht erwartete ihn schon, als er vom Schlachtfelde nach Dresden hineinritt, mitten unter den Siegestrophäen. Mac Donald an der Katzbach entscheidend geschlagen, seine Truppen in Auflösung! Was war das? Seine bewährtesten Marschälle ließen sich von dieser Landwehr schlagen?! Nach Oudinot nun auch noch Mac Donald? Durfte er es unter diesen Umständen wagen, sich weit von seinem Mittelpunkt Dresden zu entfernen? „In meiner Lage ist jeder Plan unannehmbar," waren seine Erwägungen, „bei denen ich mich nicht mit meiner Person in der Mitte befinde." Darum stellt er selbst am 30. August schon die Verfolgung ein. Die gegnerische Hauptarmee hielt er für abgetan, jedenfalls durch Vandamme für die nächste Zeit gefesselt. Also hieß es jetzt die Zeit benutzen, um die beiden anderen feindlichen Armeen zu schlagen. Mit Uebermacht wollte er sich selbst auf eine nach der anderen stürzen. Den ersten Schlag hatte er Bernadotte zugedacht. Schon hatte er Murat beauftragt, Dresden mittlerweile zu halten, da traf die Nachricht ein, daß auch Vandamme völlig geschlagen worden sei. Das änderte die ganze Lage, denn damit war die böhmische Armee wieder völlig frei in ihren Bewegungen. Ging sie wieder vor, so konnte es leicht so kommen, daß er sich bald bei Dresden erneut eines Angriffs, dann aber der vereinigten schlesischen und böhmischen Armee zu erwehren hatte. Er beauftragte daher Ney mit dem Vorgehen auf Berlin und wandte sich selbst gegen Blücher. Allein dieser durchschaute seinen Gegner. Er wich, wie schon einmal, dem ihm drohenden Schlage geschickt am 4. und 5. September über Neiße aus. „Alle seine Manöver," rief Blücher triumphierend aus, „sind vergebens. Ich weiche ihm aus, bis er wieder zurückgehen muß, dann aber will ich ihn warmhalten. Es werden mit Gottes Hülfe frohe Tage kommen." Napoleon wagte nicht, in das Ungewisse hinein dem Zurückgehenden zu folgen, da er erfahren hatte, daß die böhmische Armee tatsächlich den Vormarsch nach Sachsen hinein wieder angetreten habe. Er eilte zurück nach Dresden und setzte sich selbst mit allem gegen Pirna, wo schon Vortruppen des Feindes angekommen waren, in Bewegung. Allein was er in Schlesien an Blücher erfahren, dasselbe erfährt er auch hier an Schwarzenberg. Auch dieser versagt sich ihm und geht, von Napoleon gefolgt, wieder unter leichten Gefechten vom 9. bis 16. September nach Böhmen zurück. Am 17. September werden alle Angriffe Napoleons bei Kulm abgewiesen.

Noch einmal eilt dann der Kaiſer Blücher entgegen, noch einmal hier dasſelbe Bild: unter leichten Gefechten weicht die ſchleſiſche Armee wieder einem ernſten Kampf aus. Das Spiel des „va et vient“, wie der Kaiſer es ſelbſt nannte, war nicht geglückt. Napoleon hatte trotz aller Entſchloſſenheit und Schnelligkeit ſeine kühnen Abſichten nicht zu verwirklichen vermocht. Die Niederlage ſeiner Generale im Verein mit der Vorſicht ſeiner Feinde hatten ihn um die Früchte ſeines eigenen glänzenden Sieges gebracht. Er mußte es ſich eingeſtehen, daß er es nicht mehr werde verhindern können, daß die drei feindlichen Heere ſich vereinigen und ihn zum Endkampfe mit ihrer Ueberlegenheit zwingen würden. In dieſen Tagen der Ruhe vor dem Sturm ſah ihn ſeine Umgebung oft ungewohnt ſtill und nachdenkend. Er fühlte das Herannahen des Gewitters, deſſen Wolken ſich von Nord, Oſt und Süd über ihm zuſammenballten.

Wäre über ſeine Lage noch ein Zweifel geweſen, ſo hätte dieſen der 7. September mit ſeiner Kunde genommen: Ney, „der Tapferſte der Tapfern“, bei ſeinem Vormarſch auf Berlin geſchlagen!

Bülow bei Dennewitz

Zu dem erneuten Anschlag auf Berlin hatte Napoleon sich in Ney seinen unternehmungslustigsten, wagemutigsten General ausgesucht. Der sollte hier wieder gutmachen, was der bedächtige Oudinot verdorben hatte. „Der Angriff auf Berlin könnte am 9. zum 10. September stattfinden," hatte es in der Anweisung geheißen, die der Kaiser seinem Marschall nach Wittenberg nachgesendet hatte. „Dieser ganze Kosakenschwarm und dieser Haufe schlechter Landwehrinfanterie wird sich allenthalben nach Berlin zurückziehen, wenn Sie entschieden vormarschieren. Wenn Oudinot kühn angegriffen hätte, würde er alles über den Haufen geworfen haben!"

Am 5. September morgens 10 Uhr trat Ney den Marsch von Wittenberg aus an, um seines Kaisers Auftrag zu erfüllen. Drei Armeekorps und ein Kavalleriekorps standen ihm hierzu zur Verfügung. Wo der Feind sei, danach brauchte er nicht lange zu fragen, schon um ½11 fielen die ersten Schüsse bei seiner Vorhut.

Der Kronprinz von Schweden war nach dem Sieg bei Großbeeren nur langsam dem zurückflutenden Gegner gefolgt und dies mit voller Ueberlegung. Er kannte seinen ehemaligen Herrn und Meister genau. Für ihn stand fest, daß Napoleon baldigst den ihm von seinen verhaßtesten Gegnern, den Preußen, zugefügten Schimpf einer Niederlage blutig zu rächen versuchen werde. Aus welcher Richtung aber er hierzu vorgehen werde, ließ sich sofort noch nicht übersehen. Von Magdeburg? von Wittenberg? kam der Kaiser gar selbst von Schlesien her? Um sich schnell nach allen Seiten wenden zu können, folgte er daher seinem Gegner nur sehr langsam, zögernd, tastend. Es wurde damit der 2. September, ehe die Nordarmee die Fühlung mit dem Feinde vor Wittenberg wieder aufnahm. Daß dieser nicht weiter zurückzugehen beabsichtigte, war klar, denn seine Vorposten wiesen am 3. September alle Versuche, sie von den Höhen des rechten Ufers in die Elbniederung hinabzudrängen, energisch ab.

An der Spitze der Neyschen Armeeabteilung marschierte auf der Straße nach Jüterbogk das Korps Oudinot. Bei Zahna traf es auf die Vortruppen des Korps Tauentzien unter Dobschütz. — Sie werden umfaßt und mit erheblichen Verlusten zum Rückzug gezwungen. Das mittlerweile unter die Waffen getretene Gros nimmt die Geworfenen nördlich Zahna auf. Der Kampf entbrennt von neuem; die Preußen müssen wiederum vor der Uebermacht weichen und werden bis über Seyda hinaus verfolgt. Da Oudinot, trotzdem er das Kavalleriekorps zur Hand hatte, die Verfolgung nur sehr lässig betrieb, konnte das Korps Tauentzien, wenn auch mit einem Verlust von 3000 Mann, sich weiter unbehelligt auf Jüterbogk zurückziehen, wo es südlich davon auf der Windmühlenhöhe biwakierte.

Während Ney am Nachmittag ohne die geringste Aufklärung gegen den Feind zwischen Seyda und Leetze zur Ruhe überging, wurden bei der Nordarmee die Befehle für die Schlacht, die man anzunehmen entschlossen war, ausgegeben. Es war wahrscheinlich, daß der Feind am anderen Tage zeitig den Vormarsch in der bisherigen Richtung fortsetzen werde. Hierbei wollte ihn Bernadotte angreifen. Seine Kräfte schob er dazu folgendermaßen zurecht. Tauentzien wurde angewiesen, einem Kampf selbst mit überlegenen Kräften nicht auszuweichen. Er solle sich aber etwas mehr nach Westen ziehen, um Bülows Korps näher zu sein. Dieser hatte am frühen Morgen bereit zu stehen, um Ney beim weiteren Vormarsch in der linken Flanke anzugreifen. Was bisher von Vortruppen noch nicht mit dem Feinde in Berührung gekommen war, wurde zunächst noch in seinen Stellungen nördlich Wittenberg belassen; es waren dies die preußische Division Borstell und die russische Woronzow. Die Russen und Schweden sollten bei Lobbese, zwei Meilen westlich von Jüterbogk, um 8 Uhr zum Vormarsch bereit stehen. Dort nahm auch Bernadotte seinen Standpunkt.

Die Verteilung der Kräfte läßt des Führers Absichten erkennen: Tauentzien hält in der Front, während Bülow in der linken Flanke des Feindes sich festbeißt. Ehe Ney diesen hat abschütteln können, sind die Russen und Schweden heran und können nach Lage des Gefechts, wo es am günstigsten erscheint, eingesetzt werden.

Was beabsichtigte Ney? Wo der Feind, den er am 5. vor sich hergetrieben, die Nacht zugebracht, wo die anderen Teile der Nordarmee waren, darüber tappte er mangels genügender Aufklärung völlig im dunkeln.

Bülow von Dennewitz.
Nach einem Gemälde von Dähling, gestochen von Bollinger.
(Berliner Kupferstichkabinett.)

Er befiehlt nur: die Armee setzt morgen südlich an Jüterbogk vorbei den Marsch auf Luckau in zwei Kolonnen fort. Das Korps Bertrand geht auf Dennewitz, das Korps Reynier auf Rohrbeck, ihm folgt das Korps Oudinot. Da die Aufbruchszeiten nicht geregelt waren, näherten sich die beiden Korps, die nebeneinander vorgingen, mit ihren Anfängen nicht gleichzeitig der Niederung des Ahebaches. Das in zweiter Linie folgende Korps bekam einen unvorteilhaft großen Abstand von den beiden vorderen.

Das Gelände, in dem sich nun einer der spannendsten und wechselvollsten Kämpfe des ganzen Feldzuges abspielte, bildet einen Teil der nach der Elbe sich senkenden Hochfläche des „Fläming“. Der Ahebach, der von Niedergörsdorf bis Jüterbogk sich dem Anmarsch der Franzosen gerade vorlegte, war damals seiner völlig versumpften Ufer wegen nur auf den

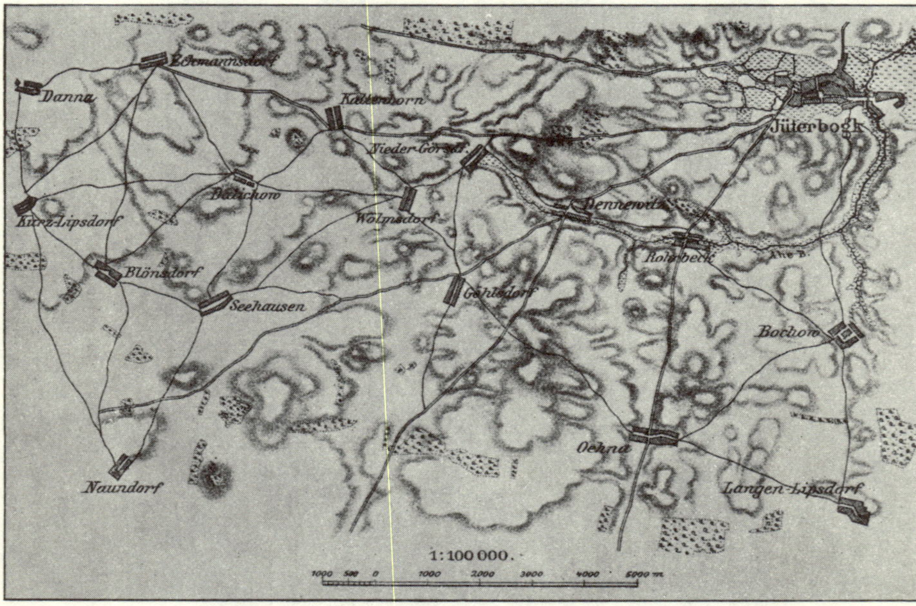

Brücken in Dennewitz und Rohrbeck zu überschreiten. Die sanftgewellte Landschaft bot für die Infanterie Stützpunkte und Deckungen, für die Artillerie gute Stellungen, für die Kavallerie Attackenfelder; eines machte sich jedoch an dem wolkenlosen Herbsttage sehr störend bemerkbar, der Staub, den jede Bewegung aufwirbeln ließ, erschwerte sehr die Uebersicht und damit die Leitung des Gefechts.

Der Kampf begann, als die an der Spitze des Bertrandschen Korps ziemlich sorglos marschierende Division Fontanelli (Italiener) bei dem Heraustreten aus Dennewitz auf die Marschkolonnen von Tauentzien aufprallte.

Dieser hatte sich, um sich wie befohlen Bülow zu nähern, in der Richtung auf das Tannenwäldchen nördlich Dennewitz in Marsch gesetzt. Weitermarschieren konnte er nun nicht mehr; sich im stehenden Gefecht von der Uebermacht der Franzosen umfassen lassen, wollte er nicht. Er schwenkt daher sofort nach dem Feinde ein und geht entschlossen selbst zum Angriff vor. Das Glück lächelte diesmal dem Kühnen nicht. Nach kaum einstündigem Kampf ist seine Infanterie zurückgeschlagen. Da brausen achteinhalb Schwadronen in die Franzosen hinein. Sie opfern sich, um dem Fußvolk einen geordneten Rückzug zu ermöglichen. Um ihre Fahnen wirbeln sehr bald die überraschten Sieger. Sie weichen bis an den Nordausgang von Dennewitz zurück. Tauentzien ist gerettet.

Wo blieb denn aber Bülow? Dieser hatte zwar den vormarschierenden Feind zeitig bemerkt, allein den Eindruck gewonnen, als ob er nicht in Richtung Jüterbogk angetreten sei, sondern sich auf ihn zu, auf Kurzlipsdorf, bewege. Daraufhin hatte er sein Korps in eine vorteilhafte Verteidigungsstellung nach Eckmannsdorf zurückgeführt. Der plötzliche Kanonendonner aus der Gegend von Dennewitz belehrte ihn, daß er unrichtig beobachtet habe. Sofort marschiert er wieder auf Niedergörsdorf vor. An der Spitze hastet die Brigade Thümen heran. Allein es ergeht ihr wie Tauentziens Bataillonen. Der, in der Absicht schnell zu helfen, übereilt in Richtung Dennewitz angesetzte Angriff wird von Bertrand, der immer stärkere Kräfte über die Ahe gezogen hat, blutig abgewiesen. Doch die Franzosen sollten sich nicht lange ihres Erfolges freuen, die Brigaden Kraft und Hessen-Homburg haben mittlerweile Thümen aufgenommen. Vereint greifen sie erneut an. Dies benutzt Tauentzien, der nördlich des Kiefernwäldchens bei Dennewitz wieder Front gemacht hatte, um auch wieder vorzugehen. Der gemeinsame Ansturm gelingt. Von dem ganzen Gelände nördlich der Ahe werden die Franzosen unter furchtbaren Verlusten vertrieben. Nur Rohrbeck bleibt ihnen. Am mörderischsten war der Kampf in dem Kiefernwäldchen. Hier fochten, wie so oft in diesem Kriege, Deutsche gegen Deutsche. Langsam wurden die Württemberger von den preußischen Landwehren aus dem Gehölz herausgedrängt. Sie müssen hinaus auf die freie Ebene. Auf ihr vollendet sich ihr Geschick. Ueber das offene Gelände fegte ihnen Kartätschfeuer nach und schmetterte ihre

Reihen auseinander, in sie hinein jagte dann die Kavallerie, die mit Lanze und Säbel den letzten Widerstand dieser tapferen Truppen brach. Sie wurden völlig vernichtet. „In einzelne Knäuels geballt,“ so berichtete ein Ueberlebender, „führten die Bataillone den Kampf Mann gegen Mann fort, bis sie gänzlich erlagen.“

Ney traf um diese Zeit selbst auf dem Schlachtfeld ein; der Anblick, der sich ihm bot, war wenig tröstlich: eins seiner Korps von „dieser Landwehr“ geschlagen, der Feind überall im Vorschreiten! Als entschlossener Truppenführer greift er schnell ein. Das Korps Reynier, das sich um 1 Uhr dem Schlachtfeld näherte, wird mit zwei Divisionen, den Sachsen, südlich der Ahe zwischen Niedergörsdorf und Dennewitz zum Gegenangriff aufgestellt. Die dritte Division Durutte rückt zur unmittelbaren Unterstützung Bertrands nach Rohrbeck.

Auf Niedergörsdorf und Wölmsdorf wird angetreten. 14 preußische Bataillone erwarten hier den Angriff; sie werden zurückgedrängt, Göhlsdorf wird genommen, im weiteren Vordringen wird der Widerstand der mittlerweile durch Borstell verstärkten Preußen aber so hartnäckig, daß Reynier die Ankunft des letzten Neyschen Korps abwarten will, ehe er seinen Angriff fortsetzt. Allein das gestattet der Feind nicht. Ein preußischer Gegenangriff, zu dem Bülow alles zusammenrafft, wirft um ½4 Uhr Reynier über den Haufen. Göhlsdorf kommt wieder in preußische Hände. In diesem Augenblick langt endlich Oudinot hinter Reynier an und verstärkt ihn sofort durch eine Brigade. Bülow verliert wieder, was er gewonnen, Göhlsdorf muß den Franzosen wieder überlassen werden. So stand es um 4 Uhr südlich der Ahe. Die Lage hatte sich hier zu einer sehr gefahrvollen für die Preußen gestaltet. Die Truppen waren durch den langen wechselvollen Kampf bei Hitze und Staub zu Schlacken ausgebrannt. Die Reihen der Infanterie waren stark gelichtet; die Artillerie der feindlichen nicht gewachsen. Auf Hülfe durch die Schweden und Russen war vor einer Stunde nicht zu rechnen.

Etwas besser sah es nördlich der Ahe aus. Hier waren alle Versuche Bertrands, Dennewitz wieder zu nehmen und auf den Höhen nördlich davon erneut Fuß zu fassen, erfolglos geblieben. Ney hielt südlich des Dorfes. Es scheint, daß der Staub ihn nicht erkennen ließ, daß der Feind auf seinem linken Flügel einem weiteren Angriff nichts mehr entgegenzusetzen hatte, daß also ein Eingreifen Oudinots hier den Sieg bringen mußte. Vielleicht auch machte der sich unmittelbar vor ihm abspielende Kampf einen solchen Eindruck auf ihn, daß er glaubte, hier liege die Entscheidung. Kurzum, er berief Oudinot von Reynier weg zu sich. Der Befehl traf ihn, als mit seiner Hilfe eben Göhlsdorf wiedergewonnen war. Reynier stellte Oudinot vor, er möge doch wenigstens einen Teil seiner Kräfte zu seiner Verfügung lassen, vergebens! — Oudinot marschiert mit allem ab, hinter den im Kampfe stehenden Sachsen her, auf deren Haltung dies nicht gerade günstig wirkte. Dieses Wegziehen des 12. Korps traf mit einem erneuten Vorgehen Bülows zusammen. In erbittertem Hand= gemenge wird Göhlsdorf wieder genommen. Durch den Staub verschleiert und so vor schweren Verlusten bewahrt, dringt die Brigade Kraft in die feindlichen Batterien. Diese protzen auf, fahren eiligst ab, reißen die Truppen der zweiten Linie mit sich fort, die Preußen drängen unaufhaltsam nach. Reyniers Korps flutet auf Oehna zurück und reißt Oudinots Marsch= kolonnen mit sich. Die Schlacht war zuungunsten der Franzosen ent= schieden.

Um dieselbe Zeit, als südlich der Ahe Reynier geschlagen wurde, um 5 Uhr nachmittags, mußte auch Bertrand weichen. Rohrbeck geht ver= loren, ehe Oudinot hier heran war. Durch Neys verfehlte Maßnahmen war so dieses Korps auf keinem Teil des Schlachtfeldes zum Eingreifen und zur Wirkung gekommen, die Schlacht durch seine Schuld verloren worden. Ein Gegenstoß gegen Thümen und Tauentzien kam nicht weit gegen Dennewitz vor. Russische Batterien hatten den letzten Halt der aufs äußerste erschöpften Franzosen gebrochen. Der sich nahenden schwedisch=russischen Infanterie waren sie vorausgeeilt und hatten in die bei Rohrbeck sich zusammendrängenden durcheinander gekommenen Massen ihre Kartätschen geschleudert. In panischem Schreck wandte sich auch hier alles zur Flucht.

Mit sinkender Sonne wälzten sich zwei Ströme von Flüchtlingen von Westen und Nordwesten her auf Oehna zu und weiter auf Torgau. „Das schützende Waldgelände südlich Oehna war noch nicht erreicht,“ heißt es in einer Geschichte jener Zeit, „als bereits die gesamte Berliner Armee sich in einen völlig zusammenhanglosen Haufen von versprengten Reitern,

Geschützen und Fuhrwerken aufgelöst hatte; alles gehüllt in dichte, fast undurchdringliche Staubwolken. Niemand gehorchte mehr einem Befehl, alle Bande militärischer Zucht und Ordnung schienen aufgelöst."

Einen der glänzendsten, aber auch einen der blutigsten Siege hatten die Verbündeten erfochten. Allein über 10000 Mann hatten die beiden preußischen Korps eingebüßt. Bei weitem größer aber waren die Verluste der Franzosen, 22000 Mann an Toten, Verwundeten und Gefangenen; 53 Geschütze, 412 Fahrzeuge, 4 Fahnen fielen in die Hände des Siegers. Aber was wollte das alles sagen gegenüber der moralischen Schädigung, die diese völlig unerwartete Niederlage dem Feinde zugefügt hatte. „Ich bin gänzlich geschlagen," mußte Ney dem Kaiser melden, „und noch weiß ich nicht, ob mein Heer sich wieder gesammelt hat." „Ich bin nicht mehr Herr der Armee. Der Geist der Offiziere und Soldaten ist der denkbar schlechteste," schreibt er an den Kommandanten von Wittenberg.

Man kann sich die Freude und Genugtuung der Sieger vorstellen: „Es sind wieder die alten Preußen von Prag und Leuthen," jubelte Bülow, und stolz lauschten die gelichteten Bataillone dem Armeebefehl Bernadottes: „Das bei dieser Gelegenheit von der preußischen Armee gegebene heldenhafte Beispiel ist dazu angetan, in der Erinnerung jedes Soldaten zu leben."

Leipzig

Der Eindruck, den bei Napoleon die ersten kurzen Meldungen seiner Marschälle von ihren Mißerfolgen hervorgerufen hatten, wurde noch vertieft durch die bald folgenden erläuternden Berichte. Uebereinstimmend hoben sie die Tüchtigkeit des Gegners, zumal der Preußen hervor. Sie machten kein Hehl daraus, daß die eigenen Truppen durch die ungeahnten, völligen Niederlagen in so bedenklichem Maße gelitten hätten, daß man ihnen für die nächste Zeit nicht mehr allzuviel zumuten könne.

Das Zahlenverhältnis hatte sich mittlerweile immer mehr zugunsten der Verbündeten verschoben. Die Gefechte hatten gewaltige Lücken in die Reihen der Franzosen gerissen, viel größere aber noch die Märsche. Den gewaltigen Anstrengungen auf diesen waren die jungen Mannschaften nicht gewachsen und erlagen ihnen in Menge. Napoleon verhehlte sich ferner nicht, daß seine Mißerfolge nicht dazu beitragen konnten, die Rheinbundfürsten ferner noch in seinem Banne zu halten. Schon hatten sich bedenkliche Erscheinungen gezeigt: westfälische Reiterei war zu den Verbündeten übergegangen, die Haltung der Sachsen erschien nach Dennewitz sehr zweifelhaft. Kampfeslust und Kampfesbegeisterung waren in seinem Heere verflogen, ganz im Gegensatz zu dem des Siegers, von dem der Kaiser selbst anerkennen muß: „seine Generale, Offiziere und Mannschaften sind voller Begeisterung“.

Die Geschicklichkeit, mit der die böhmische Armee, ebenso wie die schlesische, neuerdings sich den ihr zugedachten Schlägen zu entziehen verstanden, hatte Napoleon einen Strich durch seine Rechnung gemacht. Der Versuch, seine Gegner vereinzelt zu schlagen, war nicht gelungen. Zu einer anderen Art der Kriegführung entschließt er sich: er will abwarten, den Gegner an sich herankommen lassen, ihn beobachten, um aus dem ersten

Fehler, den er begehen sollte, Vorteil zu ziehen. Dazu stellt er sich hinter der Elbe bereit, Dresden und Meißen hält er besetzt. Würde es ihm auf diese Weise gelingen?!

Bei den Verbündeten bleibt Blücher nach wie vor die treibende Kraft. Vorwärts, mit allen Armeen gleichzeitig auf Napoleon, um ihn zur Entscheidungsschlacht zu zwingen, das ist sein Gedanke, für den er alle zu gewinnen sucht.

Daß der Krieg weiterzuführen sei, darüber waren sie sich einig. Unter dem Eindruck der Siege an der Katzbach, bei Kulm und bei Dennewitz waren die drei Monarchen in Teplitz am 9. September übereingekommen, daß nur gemeinsam Waffenstillstand und Friede abgeschlossen werden dürfe. Der preußische und der österreichische Staat sollten im Umfang von 1805 wieder hergestellt, der Rheinbund aufgelöst werden. Nicht so schnell wie über die politischen Ziele des Krieges war im großen Hauptquartier die Einigung über die militärischen erreicht worden. Noch immer hatte man bei der Hauptarmee, der böhmischen, Scheu vor einem vereinzelten Kampf mit Napoleon. Man wollte nichts wagen. Von dem getrennten Vorgehen in drei Armeen hielten viele nichts und meinten, die schlesische Armee wenigstens müsse zunächst mit der böhmischen vereinigt werden. Da macht ein kühner Entschluß Blüchers all diesem Bedenken und Zaudern ein Ende. Er bricht auf und überschreitet die Elbe am 3. Oktober bei Wartenburg. Dasselbe tut Bernadotte auf Blüchers Veranlassung mit der Nordarmee am 4. Oktober bei Aken und Roßlau. Nun blieb der böhmischen Armee nichts übrig, als auch den Vormarsch anzutreten; am 26. marschierte sie in Sachsen ein — langsam und vorsichtig.

Nicht ohne Kampf war's beim Uebergang über die Elbe hergegangen. Unterhalb der Elstermündung überschritt York am frühen Morgen den Fluß unbehindert. Aber kaum eine viertel Meile hinter der Uebergangsstelle stieß man schon auf Feinde. Marschall Bertrand hatte mit 14000 Mann das nur auf einem Fußwege zugängliche, von hohen Dämmen und sumpfigen Wasserläufen umgebene Dorf Wartenburg sowie, südlich davon, das fast ebenso geschützte Bleddin besetzt. Blücher stellte sich an der Brücke auf und ließ die Truppen an sich vorbei in den Kampf ziehen. Ueber den Baumkronen des Wartenburger Parks sah man Rauch aus den Schornsteinen des Dorfes und des Schlosses aufsteigen. „Jungens seht," rief er den dem gewissen Kampf freudig entgegeneilenden Leuten zu, „da backen sich die verfluchten Franzosen Weißbrot zum Frühstück, das wollen wir ihnen wegnehmen, derweilen es noch warm ist."

Feuer schlägt den Vorgehenden aus Wartenburg entgegen. In zähem Ringen arbeitet sich die vorderste Brigade an das Dorf heran. Allein das sumpfige, von Wassergräben und toten Elbarmen durchschnittene Vorgelände vereitelt das Bestreben, dem Gegner mit dem Bajonett auf den Leib zu rücken. Der frische, ungestüme Anlauf geht in ein stehendes Gefecht über. In der Front, das ist York klar, ist der Feind nicht niederzuzwingen. Er läßt also zunächst durch Artillerie vom rechten Elbufer die Besatzung von Wartenburg mürbe machen. Mittlerweile greift er Bleddin an, wo das Gelände für den Angriff weniger ungünstig war, um dann, wozu Blücher den Anstoß gab, umfassend von Süden gegen Wartenburg vorzugehen. Der Feind wehrte sich tapfer. Allein die schlesische Landwehr will der märkischen an Tapferkeit nicht nachstehen. Bleddin wird um 2 Uhr mit stürmender Hand genommen. Die nach Westen zurückweichenden Württemberger werden von preußischen und mecklenburgischen Schwadronen ereilt und zersprengt. Nun geht es gegen Wartenburg; mit dem Widerstand seiner Verteidiger geht's auch bald zu Ende. Von Bleddin her dringt in ungestümem Anlauf zuerst General von Horn an der Spitze des Leibregiments in das so hartnäckig verteidigte Dorf ein. Wütende Gegenstöße werden blutig abgewiesen. Wartenburg wird genommen. Bertrand geht auf Wittenberg zurück, bis Pratau verfolgt ihn die Kavallerie. 1000 Gefangene, 11 Geschütze, 70 Fahrzeuge werden Beute des Siegers. „Die schlesische Landwehr hatte," wie York sagte, „mit allen Ehren das große Examen bestanden." Vor dem an ihm vorbeimarschierenden 2. Bataillon des Leibregiments nahm York die Feldmütze ab und blieb mit seinem Stabe in strömendem Regen entblößten Hauptes stehen, bis der letzte Mann vorübergezogen war.

Blücher selbst hatte sich dem Kampfgetümmel ferngehalten. „Der York, der Schwerenöter, ist schwer ins Feuer zu bringen, aber habe ich ihn erst einmal drin, so ist keiner besser als er." Nachdem er ihm seine Gefechtsaufgabe erteilt, sorgte er nur dafür, daß die bei Elster angekommenen

Russen Langerons sofort zur Unterstützung Yorks über die Elbe gingen. Mit Freude über den glänzenden Sieg vermischte sich im Innern des greisen Feldherrn die Wehmut, daß der, der ihn vorbereitet, ihn nicht mehr hatte sehen können. „Wir haben gottlob heute," so sprach er am Abend zu den Herren seines Stabes, „einen guten Schritt zur Befreiung des Vaterlandes

General Heinrich Wilhelm v. Horn.
Lithographie von C. Schale.

getan. Aber der, der das Beste dazu getan hat, ist nicht mehr unter uns. Ich bin nur wie ein Handwerker, der die aufgegebene Arbeit geleistet hat. Aber wer alles so zubereitet hat, daß wir hier alle zum Erfolge miteinander wirken konnten, das ist — und dabei zog er den in seinem Stabe befindlichen Leutnant von Scharnhorst zu sich — Ihr Vater."

Als die schlesische Armee unter Beobachtung von Torgau und Wittenberg den Marsch auf Leipzig fortsetzte, schien sich Napoleon die lang herbeigesehnte Gelegenheit zu bieten, an Blücher Rache für die Schlacht an der Katzbach zu nehmen. In Dresden beließ er 30000 Mann, mit 150000 ging er am 7. Oktober gegen die mittlerweile bis in die Gegend von Düben gelangte schlesische Armee vor. Die sich ebenfalls nähernde böhmische Armee sollte Murat mit 40000 Mann nach Möglichkeit aufhalten. Allein auch sein neuer Kriegsplan mißlang. Blücher entzog sich dem ihm zugedachten Schlage, marschierte, vom Feinde unbemerkt, nach Westen und brachte die Saale zwischen sich und den Gegner, am 11. Oktober. Napoleon glaubte, Blücher sei nach Norden zurückgegangen und suchte ihn an der Elbe. Hier trifft er aber nur bei Roßlau und vor Wittenberg auf schwache preußische Abteilungen, denen er empfindliche Verluste beibringt. Auf Bernadotte hatte die Annäherung Napoleons ganz anders gewirkt, er wollte vor ihr wieder über die Elbe zurückgehen. Nur auf Blüchers dringende Vorstellungen war er von Dessau ebenfalls nach der Saale, auf Halle, abmarschiert. Damit war die ganze Unternehmung, von der Napoleon so viel erhofft, ein Luftstoß geblieben. Um seine Mißstimmung noch zu vergrößern, traf ihn am 12. in Düben die Meldung Murats, daß er den Marsch der böhmischen Armee vergebens aufzuhalten versucht habe. Sie sei im Vormarsch über Altenburg und habe am 10. schon Borna, vier Meilen von Leipzig, erreicht. Nun hieß es von Blücher und der Nordarmee ablassen. Er entschließt sich, den Kampf mit dem von Nord und Süd gegen ihn heranziehenden Feind aufzunehmen.

Am 14. eilte er für seine Person nach Leipzig voraus, nachdem er seine ganzen Kräfte dorthin in Marsch gesetzt hatte. Schon als er sich der Stadt näherte, verriet ihm Geschützfeuer aus südlicher Richtung, daß Murat erneut im Kampf mit der böhmischen Armee stehe. Den immer noch zaudernden und plötzlich wieder bedenklich gewordenen Schwarzenberg hatte nämlich Kaiser Alexander zur ununterbrochenen Fortsetzung des Vormarsches veranlaßt. Der auf dem rechten Pleißeufer marschierende rechte Flügel unter Wittgenstein (Russen und die preußische Division Kleist) traf auf Feind in Linie Liebertwolkwitz-Wachau-Mark Kleeberg. Man hatte zuerst geglaubt, nur eine schwache Nachhut vor sich zu haben. Der hartnäckige Widerstand belehrte einen aber bald eines andern. Murat hatte hier 40000 Mann mit 156 Geschützen vereinigt. Es entwickelte sich aus dem etwas übereilt angesetzten Angriff ein Gefecht, das mit dem Eintreffen von russischen Verstärkungen sich immer mehr ausdehnte. In der Hauptsache war es aber ein Reiterkampf; sechseinhalb Regimenter preußische Kavallerie suchen durch überraschende Attacken die vermeintliche Nachhut auseinanderzusprengen. Sie stoßen auf feindliche Infanterie, französische Kavallerie nimmt die Gelegenheit wahr, um die erschöpften preußischen Regimenter zusammenzuhauen. Neue Reiterregimenter Wittgensteins werfen sich ihr entgegen. Den Ausschlag gibt die in diesem Augenblick auf dem Schlachtfeld erscheinende österreichische Kavallerie. Sie wirft sich in die Flanke der überraschten Franzosen. Ein kurzer Kampf Mann gegen Mann — und Murats stolze Geschwader wälzen sich in immer schneller werdender Gangart zurück. Infanterie benutzt dies, um weiter vorzukommen. Allein es gelingt ihr nicht, den Gegner zu vertreiben. Das Ergebnis des Tages war: die Franzosen haben sich in ihrer Stellung behauptet, Wittgenstein geht bis über den Bösselbach zurück.

Das Treffen bei Liebertwolkwitz, das blutige Vorspiel zu dem gewaltigen Drama der Völkerschlacht von Leipzig, hatte gezeigt, daß Napoleon den Kampf hier anzunehmen entschlossen war. Wäre damals ein Blücher an Schwarzenbergs Stelle gewesen, so hätte schon der erste Sonnenstrahl des nächsten Tages zweifellos neuen Angriff, und zwar mit dem letzten verfügbaren Mann, auf die Stellung, die gestern zu nehmen nicht gelungen war, gebracht, um Murat abzutun, ehe Napoleon selbst hier heran sein konnte. Statt dessen vermeidet der vorsichtige Oberbefehlshaber den Kampf an diesem Tage. Er schiebt nur seine Kräfte zu dem auf den 16. verschobenen allgemeinen Angriff zurecht. Auch für die Franzosen war der 15. ein Marschtag. Von dem Schlachtenkaiser hieß es gering denken, wenn man nur einen Augenblick der Vorstellung Raum gegeben hätte, er werde ruhig zusehen, wie der von Norden, Westen und Süden heranziehende Feind ihn von allen Seiten umfassen und in seiner Umklammerung ersticken würde. Er schickte sich an, die Zeit, die ihm Schwarzenberg wider Erwarten gelassen, zu einem Angriff auf ihn zu benutzen, um ihm, wie man zu sagen pflegt, einen Strich durch sein Konzept zu machen. Nur der Umstand, daß es ihm nicht gelungen war, hierzu seine Truppen schon am 14. bis in die Gegend von Leipzig zu schieben, war der Grund, daß nicht am 15. schon die „Völkerschlacht" begann.

Am Abend dieses Tages standen die Kräfte beider Gegner in folgenden Gruppen: von den 205000 Mann der Verbündeten südlich Leipzig, auf dem östlichen, dem rechten Pleißeufer bis zur Parthe hin, zwischen Fuchshain und Cröbern, Wittgenstein mit 100000 Mann; zwischen Pleiße und Elster bei Gautzsch 30000 Oesterreicher unter Merveldt; im Anschluß daran, westlich

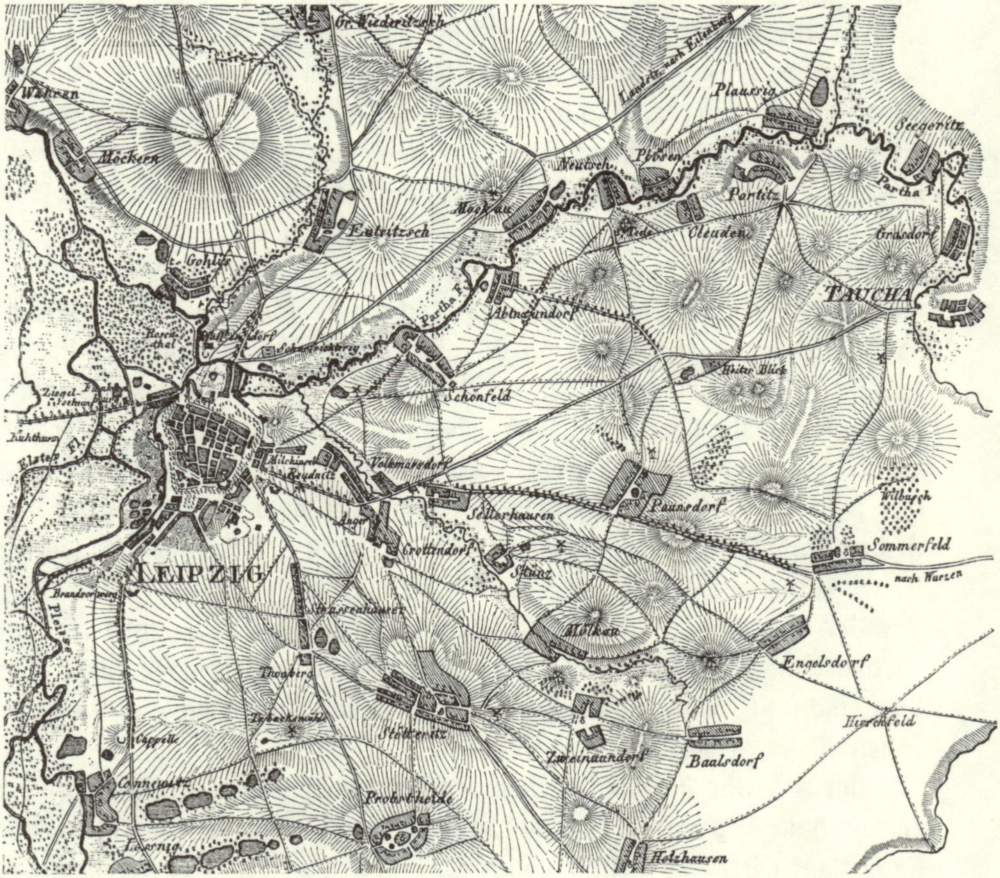

Leipzig und seine Umgebung zur Zeit der Schlacht.

der Stadt, bei Schönau wieder 20000 Oesterreicher unter Giulay; nordwestlich bei Schkeuditz die 50000 Mann der schlesischen Armee.

Napoleon hatte seine Hauptkräfte, 190000 Mann, südlich Leipzig auf dem rechten Pleißeufer versammelt. In der Linie Mark Kleeberg=Wachau=Liebertwolkwitz=Holtzhausen standen 138000 Mann. Auf dem linken Elster=ufer beließ er nur 32000 Mann zum Schutz seiner Rückzugsstraße nach Westen.

Die schlesische Armee hoffte er mit 50000 Mann unter Marmont und Bertrand in einer Stellung bei Breitenfeld und Lindental so lange aufzuhalten, bis er selbst die böhmische Armee geschlagen habe. Hierhin verlegte er den Schwerpunkt, hier suchte er die Entscheidung. War ihm dies gelungen, dann wollte er sich mit allem auf Blücher werfen. Wir sehen, es war Napoleon dank der übergroßen Vorsicht Schwarzenbergs gelungen, an der entscheidenden Stelle, östlich der Pleiße, um über ein Drittel stärker zu erscheinen, wie sein Gegner. Die Lage hatte sich so für ihn noch einmal überraschend günstig gestaltet. Des Erfolges gewiß, beobachtete Napoleon vom Galgenberge bei Wachau aus die Entwicklung des Feindes. Es war ein trüber, kühler, regnerischer Tag, der 16. Oktober. Dichter Nebel hinderte die Uebersicht in dem sanft gewellten Abschnitt zwischen Parthe und Pleiße. Sanfte Höhenzüge streichen von Ost nach West. Ihr bedeutendster ist der durch die Dörfer Liebertwolkwitz, Wachau und Mark Kleeberg gekrönte. Welch vortreffliche Stellung dieser gegen einen Angriff von Süden bietet, hatte Wittgenstein am 14. Oktober schon erfahren. Die Dörfer gaben durch ihre feste Bauart, ihre breiten Straßen und ihren geschlossenen Umzug von Hecken und Lehmmauern vortreffliche Stützpunkte für eine hartnäckige Verteidigung ab.

Der Marsch querfeldein war sehr mühsam. Die das Gelände vielfach durchziehenden Gräben hatten die ungewöhnliche Regenmenge der letzten Tage nicht schnell abzuführen vermocht. Der Lehmboden war zu einer zähen Masse geworden.

Um 8½ Uhr fielen die ersten Schüsse aus Wachau. Die Schlacht bei Leipzig hatte begonnen. Es entwickelte sich nach und nach ein allgemeiner Kampf auf der ganzen Linie südlich der Stadt. Von den vier Kolonnen, in denen Wittgenstein zum Angriff angetreten war, war es die des Herzogs von Württemberg, zwei russische Korps und die preußische Brigade Klüx, die bei Wachau zuerst auf den Feind stieß. Das nur leicht besetzte Dorf wird genommen. Als man nachdrängte, ändert sich mit einem Schlage das Bild. Eine schier endlose Artillerielinie wird sichtbar; sie überschüttet den Angreifer mit wirksamstem Feuer. Gleichzeitig entwickelt Marschall Victor seine Infanterie zum Gegenangriff. Der Herzog von Württemberg wird zurückgeworfen. Wachau geht nach langem hin und her wogenden

Ortsgefecht, in dem das Bajonett eine Hauptrolle spielt, wieder verloren. Die Russen strömen zurück, werden aber durch die mittlerweile entwickelte preußische Brigade Klüx aufgenommen. Die Rollen sind vertauscht. Napoleon greift an. Die Franzosen dringen mit Uebermacht über Wachau nach Süden vor. Allein viel über das Dorf hinaus gelangen auch sie nicht, ihr Angriff kommt vor der Brigade Klüx zum Stehen.

Wachau nach der Schlacht.

Stich von J. J. Wagner. (Aus Hussel=Bergk, Die Siegesplätze der Völkerschlacht, 1815.)

Nach und nach waren auch die anderen drei Kolonnen Wittgensteins ins Gefecht getreten. Auf der ganzen Linie Liebertwolkwitz=Mark Kleeberg wird gerungen. Um 11 Uhr hatte sich die Lage wie folgt gestaltet: zwischen Parthe und Pleiße waren die Verbündeten nach anfänglichem Erfolg in die Verteidigung zurückgeworfen und erwehrten sich nur mit Mühe der Gegen=stöße des Feindes. Liebertwolkwitz, Wachau, Mark Kleeberg waren verloren. In dem Abschnitte zwischen Pleiße und Elster, in dem die Beschaffenheit des Geländes das Vorgehen gegen den rechten Flügel bei Connewitz besonders erschwerte, war der Angriff auch sehr bald ins Stocken geraten. Alle Versuche Merveldts, über die Pleiße vorzudringen, waren von den hier kämpfenden Polen unter Poniatowski vereitelt worden. Mit Mühe halten die ursprünglichen Angreifer in der Verteidigung aus.

Während sich die Kräfte der Verbündeten in Abwehrung französischer Gegenstöße verbrauchten, bereitete Napoleon den Schlag vor, von dem er die Entscheidung erhoffte. Er setzte Mac Donald mit 25 000 Mann von Holtzhausen auf Seifertshain in Marsch gegen die rechte Flanke des Feindes. Hatten hiergegen die Verbündeten ihre Reserven dann hinter der Mitte weggezogen, wollte er mit der Garde über Wachau auf Güldengossa vorgehen und hier des Feindes Stellung durchbrechen. Bis dahin hoffte er, daß auch das Korps Marmont, das er von Norden herbeibefohlen hatte, zur Stelle und damit seine Ueberlegenheit noch erdrückender sein werde. Des Gelingens seines Planes war Napoleon so gewiß, daß er befahl, „in Leipzig mit allen Glocken zu läuten, um der Armee die errungenen Fortschritte anzuzeigen“. Um 2 Uhr hielt er den Augenblick zur Führung des entscheidenden Schlages für gekommen. Alle Kräfte, die zwischen Liebertwolkwitz und Mark Kleeberg stehen, sowie seine Reserven gehen nach Süden vor. Dieser Vorstoß traf aber mit dem Eintreffen auch neuer Kräfte der Reserven der Verbündeten auf dem Schlachtfelde zusammen. Zunächst schritt der Angriff Napoleons noch unaufhaltsam vorwärts. Auenhain, Güldengossa werden genommen. Allein Mac Donald war auf die Oesterreicher unter Klenau getroffen, die ihn verhindern, gegen die rechte Flanke einzuschwenken. Er selbst wird dagegen in seiner rechten Flanke bedroht, er muß dem eigenen Angriff unvorhergesehenerweise Kräfte entziehen, um zu verhindern, daß er bei Mark Kleeberg umfaßt wird. In der Mitte geht gleichzeitig jetzt die Reserve, die russische Garde, zum Angriff vor. Auenhain und Güldengossa müssen wieder aufgegeben werden. Durch all dies erlahmte nach und nach die Kraft des mit außerordentlicher Wucht und großer Umsicht angesetzten Angriffs Napoleons. In ein stehendes Feuergefecht lief er aus, dem erst die Dunkelheit ein Ende machte. Napoleon hatte seinen aussichtsvollen Plan nicht durchführen können. Seine Kräfte hatten dazu nicht hingereicht, zumal Marmont ausgeblieben war. Als diesen Napoleons Befehl traf, war er schon nicht mehr Herr seiner Bewegungen. Blücher hielt ihn in wütendem Angriff nördlich Leipzig fest.

Bei der Ungewißheit, gegen wen sich Napoleon zunächst wenden werde und wie er seine Kräfte verteilt hatte, hatte Blücher es für angemessen gehalten, seinen Truppen für den 16. zunächst keine bestimmten Marschziele zu geben. Er machte dies von weiteren Erkundigungen abhängig, deren Ergebnis sie in ihren Biwaks abwarten sollten. Er selbst ritt hierzu mit der Kavallerie vor und gewann dabei den Eindruck, starker Feind stehe nördlich Leipzig in der Gegend von Breitenfeld. Die Armee wurde daraufhin in zwei Kolonnen gegen die Linie Breitenfeld=Redefeld vorgeführt. Auf der Straße nach Möckern, an der die Truppen die Nacht geruht hatten, wurde bloß die Avantgarde gelassen. Sehr bald aber, als der Wind Nebel und Wolken vertrieben hatte, erkannte man, daß der Feind während des Anmarsches der schlesischen Armee zurückgegangen war und in der Linie Möckern=Wiederitzsch sich verschanzt hatte. Diese Stellung war sehr stark durch ihr vortreffliches Schußfeld, sowie dadurch, daß die Flügel an die Elsterniederung und an den Riezschkebach angelehnt waren, ferner sich in ihr als feste Stützpunkte die eben genannten Dörfer befanden. Es stand in ihr, wie man bald erfuhr, das Korps des Marschalls Marmont. Während nun von Südosten her immer mächtiger herübertönender Kanonendonner anzeigte, daß dort schon die böhmische Armee zum entscheidenden Angriff vorgegangen war, wurde gegen diese Stellung eingeschwenkt. Das erforderte Zeit. Erst um 2 Uhr gelang es dem immer ungeduldiger werdenden Blücher seine Artillerie zunächst gegen Möckern ins Feuer zu bringen. York wurde auf dieses Dorf, Langeron auf Wiederitzsch angesetzt, Sacken hinter dem linken Flügel zunächst als Reserve zurückbehalten, der russischen Kavallerie der Schutz der linken Flanke übertragen. Die Schlacht, die sich nun auch hier mit größter Heftigkeit entspann, verlief so, daß der Verteidiger infolge des überwältigenden Artilleriefeuers des Angreifers Wiederitzsch sehr bald aufgab und sich auf die flachen Höhenzüge zwischen den beiden genannten Wasserläufen zurückzog. Um Möckern jedoch entspann sich ein äußerst heftiger, blutiger Kampf. Lange wogte er im Dorfe hin und her, aber er endete schließlich mit einem vollen Erfolg Yorks. Die Erstürmung Möckerns ist eine der glänzendsten Taten der Preußen im ganzen Feldzug. Jäger, ostpreußische Füsiliere, Leibgrenadiere und schlesische Landwehr wetteiferten in Tapferkeit. „Jeder brannte vor Begierde," schreibt ihr Führer, General von Hiller, der selbst dort schwer verwundet wurde, „nahe an den Feind heranzukommen und ohne Bedenken stürzten die Bataillone auf meinen Zuruf, daß heute Deutschlands Schicksal entschieden werden müsse, über die Leichen ihrer Brüder mit Hurrageschrei von neuem auf den Feind.

Der Kampf um Möckern.
Nach Tomuschat, Preußen und Napoleon I.

Ich genoß die hohe Freude, die zur Verstärkung herannahenden feindlichen Grenadiere und Garden durch den Mut und die Ausdauer der braven Truppen, vorzüglich der Landwehrbataillone, zum Weichen zu bringen, und indem ich diese fliehend erblickte, sah ich auch die übrigen Brigaden des Armeekorps im Vorrücken begriffen."

Auch Langeron machte gegen die Höhe südwestlich Wiederitzsch Fortschritte.

Blücher wohnte dem Kampf auf seinem linken Flügel bei Lindental bei. Als York vorwärts Gelände gewann, ließ er Sacken ihm folgen. Die Entscheidung in dem langen Kampf, in dem man nicht weiß, was man mehr bewundern soll, die Zähigkeit des Verteidigers oder das Ungestüm des Angreifers, brachte die Kavallerie. Auf Yorks Zuruf an die brandenburgischen Husaren stürzten sich diese unter Sohr auf die feindliche Artillerielinie, die bis jetzt jedes Vorkommen über Möckern hinaus vereitelt hatte. Das Anreiten dieser wenigen Eskadrons war das Zeichen für die ganze andere auf dem Schlachtfeld anwesende Kavallerie loszubrechen. Die Reiter dringen in die Batterien ein, diese müssen schweigen. Sofort benutzt dies die Infanterie zum weiteren Vorgehen. Der Feind weicht zurück. Marmont muß sich als geschlagen bekennen.

Die Verluste waren sehr bedeutend gewesen. Das Yorksche Korps hatte die größte Last des Kampfes getragen. Mehr als ein Drittel von ihm bedeckte tot oder verwundet das Schlachtfeld.

„Es war ein erschütternder Anblick," so wird geschrieben, „als sich am nächsten Morgen die schwachen Abteilungen, vielfach ohne ihre Führer, mit ihren zerfetzten Fahnen zum Feldgottesdienst einstellten. Das Korps wurde neu formiert, meist mußten zwei, ja drei Bataillone zu einem vereinigt werden."

General von Hünerbein konnte mit Recht in seinem Gefechtsbericht sagen: „Was die Poesie vom Spartanertum dichten, was der Pinsel des Künstlers uns von Römerkühnheit malen möge, so wird es doch durch das, was bei dieser Schlacht vorging, unendlich übertroffen."

Wie war der Kampf bei Giulay verlaufen?! Er hatte den Auftrag, sich Lindenaus zu bemächtigen und Napoleon die einzige nach Westen führende noch offene Straße, seine Rückzugsstraße, zu verlegen. Der von Wachau herübertönende Kanonendonner war das Zeichen für ihn, auch zum Angriff vorzugehen. Lindenau war gegen Mittag in seiner Hand. Allein vor der Uebermacht des hier um diese Zeit in den Kampf eingreifenden Korps Bertrand mußte er es bald wieder aufgeben. Giulay ging in die Linie Zschocher=Schönau zurück; der Kampf war so ergebnislos geblieben. Den Ring um die französischen Kräfte zu schließen, war westlich Leipzig nicht gelungen.

In der Nacht zum 17. verblieben beide Gegner im allgemeinen in den Stellungen, die sie innehatten, als die Dunkelheit dem Kampf ein Ende machte. Die Punkte Seiferthain=Güldengossa=Auenhain=Mark Kleeberg=Großzschocher=Schönau im Süden, Möckern=Lindental=Birkholz im

Westen bezeichnen die Aufstellung der Verbündeten; ihnen gegenüber Kleinpösna = Liebertwolkwitz = Wachau = Dölitz = Connewitz = Lindenau = Gohlis = Eutritzsch = Wiederitzsch die der Franzosen. Vergleicht man diese Nachtstellung mit der am Morgen innegehabten, so sieht man, daß im Süden und Westen keine der beiden Parteien Gelände gewonnen oder verloren hatte. Nur im Nordwesten war es den Verbündeten gelungen, näher an Leipzig heranzukommen.

Das Ergebnis des langen, blutigen, von beiden Seiten mit äußerster Hartnäckigkeit geführten Kampfes war für Napoleon, wenn er auch nicht zum Zurückgehen gezwungen worden war, doch ein sehr ungünstiges. Sein Geschick war in Wirklichkeit schon am 16. abends besiegelt, denn alle Versuche, den ihn von Süden und Westen anfallenden Gegner abzuschütteln, waren mißlungen; dieser hielt ihn fest. Zwar war der verderbenbringende Ring um Leipzig noch nicht völlig geschlossen, allein das fehlende Glied zu beiden Seiten der Parthe oberhalb Leipzigs zu bilden, schickte sich Bernadotte an. Napoleon war zu scharfsichtig, um nicht zu erkennen, daß der am nächsten Morgen mit Bestimmtheit zu erwartende neue Angriff mit seiner entscheidenden Niederlage enden mußte, ja ihm die volle Vernichtung bringen könne. Dennoch konnte er sich nicht dazu entschließen, jetzt schon den Befehl zum Rückzug zu geben. Nicht nur sein Stolz war es, der sich hiergegen aufbäumte, nein, auch schwerwiegende militärische und politische Erwägungen veranlaßten ihn, sich noch einmal zum Kampf zu stellen. Seine Truppen hatten zweifellos in der Gesamtheit nicht das Gefühl, geschlagen zu sein. Diese Ueberzeugung wollte er ihnen selbst und ganz Europa gegenüber erhalten. Jetzt den Rückzug befehlen, hieß die schwierige Lage der Armee offen eingestehen. Auch überlegte er sich sehr wohl, daß ein solcher gleichbedeutend mit dem Opfern der in den deutschen Festungen befindlichen französischen Besatzungen, zusammen an die 140000 Mann, sein würde. Ferner: die vereinigten Kräfte der Verbündeten würden ihm natürlich sofort folgen, ihrer Uebermacht war diesseits des Rheins kein Widerstand mehr zu leisten. Um aus dieser Lage herauszukommen, bot sich auch dem genialen Soldaten Napoleon kein anderes Mittel mehr dar als: Rückzug. Knirschend versuchte es der Staatsmann Napoleon, sich aus dieser Lage herauszuziehen. Er trat in Verhandlungen mit seinen Gegnern ein. Den in Gefangenschaft geratenen österreichischen General Grafen Merveldt sandte er in das feindliche Hauptquartier: er schlug einen Waffenstillstand vor, er wolle über einen Frieden unterhandeln. Polen, Illyrien, Hannover, die Hansestädte und Spanien zu räumen sei er bereit, allein seine Stellung als Beschützer des Rheinbundes aufzugeben, verbiete ihm seine Ehre. Er beanspruche ferner Holland und freie Entscheidung über Italien. Der im aussichtslosen Kampf Stehende entblödete sich sogar nicht, weiter vorzuschlagen, daß während der Friedensverhandlungen die siegreichen Heere der Verbündeten hinter die Elbe und das Erzgebirge zurückgehen sollten. Er selbst werde das Gebiet östlich der Saale räumen. Aber diesmal hatte sich der Korse verrechnet. Die Monarchen wiesen seine Anerbietungen kurzerhand zurück.

Daß am 17. Oktober der Kampf sich nicht mit aller Macht auf allen Fronten mit Tagesanbruch erneuerte, hatte jedoch nicht seinen Grund in diesen Vorgängen. — Schwarzenberg hatte die Weiterführung des Angriffs auf den 18. verschoben. Er wollte, um Napoleons Niederlage vernichtend zu gestalten, noch die Herankunft des Kronprinzen von Schweden und der Reserven unter Bennigsen dazu abwarten. Die Nachricht hiervon erreichte Blücher erst, als er bei Gohlis und Eutritzsch den Angriff schon wieder aufgenommen hatte. Er mußte daher zu seinem Leidwesen das Gefecht abbrechen.

Napoleon blieb nach dem Mißerfolge der Merveldtschen Sendung nun doch nichts übrig als der Rückzug. Er befahl, daß am nächsten Morgen zunächst das Korps Bertrand über das ja noch in seiner Hand gebliebene Lindenau nach Weißenfels abmarschieren und dort alles für den Uebergang der gesamten Armee über die Saale vorbereiten solle. Seine Kräfte südlich Leipzigs zog er in eine näher an der Stadt gelegene, engere Stellung zusammen. Sie war bezeichnet durch die Ortschaften Connewitz-Döhlitz-Probstheida-Zuckelhausen-Holtzhausen-Zweinaundorf-Paunsdorf-Schönefeld. Nördlich der Stadt sollte die Linie Pfaffendorf-Gohlis gehalten werden. Trotz der Verluste verfügte Napoleon doch noch immer über 160000 Mann mit 630 Geschützen.

So brach der 18. Oktober an; nach langer Regenzeit wieder der erste Sonnentag.

In sechs Kolonnen schritten die Verbündeten, so wie es hell wurde, zum Angriff. Der böhmischen Armee war der Teil der französischen Stellung zwischen der Pleiße und Holtzhausen als Abschnitt zugewiesen. Sie ging in drei Kolonnen dagegen vor. Gegen den Teil zwischen Holtzhausen und der Parthe wurde die Nordarmee, die auf des Kronprinzen von Schweden Drängen durch die Korps Langeron und St. Priest der schlesischen Armee verstärkt worden war, angesetzt. Mit dem Rest wandte sich Blücher wieder gegen die Nordostfront von Leipzig. Giulay griff, um Napoleon seinen Rückzug zu verlegen, Lindenau an. 295000 Mann mit 1360 Geschützen hatten die Verbündeten schließlich zum letzten Ansturm versammelt.

Wir geben aus dem gewaltigsten Kampfe des an Schlachten wahrlich nicht armen neunzehnten Jahrhunderts nur die Hauptzüge. Bevor Bernadotte in den Kampf eintrat, bis um zwei Uhr nachmittags, war es nirgends gelungen, den Feind zu werfen; ja, der Angriff Giulays auf Lindenau war sogar abgewiesen worden. Die Hauptstellung Napoleons war noch an keiner Stelle erschüttert. Seine Rückzugsstraße nach Weißenfels war noch frei.

Nach zwei Uhr trat die entscheidende Wendung ein. Die Nordarmee führte sie herbei, deren erste Truppen um diese Zeit vor Paunsdorf erschienen. Dies war das Zeichen für ein erneutes allgemeines Vordringen gegen die französische Stellung, deren Verteidiger sich durch kräftige Vorstöße immer wieder Luft zu machen und die Entscheidung hinauszuschieben versuchten. Die Tüchtigkeit und Geschicklichkeit der Franzosen und ihrer Führer aller Grade zeigte sich noch einmal in glänzendstem Lichte. Das Ergebnis des Kampfes, dem die Dunkelheit ein Ende machte, blieb sehr hinter den Erwartungen der Verbündeten zurück; nur Teilerfolge waren errungen. Napoleon hatte alle Angriffe auf die Stellung Connewitz-Probstheida abgeschlagen. Nur weiter östlich war er zurückgedrängt worden, und zwar in die Linie Stötteritz-Krottendorf-Reudnitz. Auch nördlich von Leipzig hatten die Franzosen ihre Stellungen gehalten. Das Wichtigste, den Rückzug Napoleons nach der Saale zu verlegen, war auch heute nicht gelungen. Dies der Verlauf des zweiten Tages der Schlacht, die Napoleon aus einer Aufstellung an der Quandtschen Tabaksfabrik bei Stötteritz leitete. Gegenüber konnte er deutlich den Standpunkt der drei Monarchen auf einer Höhe südöstlich Probstheida erkennen.

Am heftigsten hatte der wechselvolle Kampf um Probstheida getobt. Das Dorf war durch seine beherrschende Lage besonders schwer zu bewältigen. Gegen diesen durch die Besatzung zu einer kleinen Festung umgewandelten Schlüsselpunkt der feindlichen Stellung war das preußische Korps Kleist vorgegangen. Mit Rücksicht auf den Verlauf des Kampfes bei den Nebenabteilungen wurde bis zwei Uhr mit dem Befehl zum Sturm gewartet. Dann geht nach kurzer heftiger Beschießung durch die Artillerie die Infanterie von Süden und von Osten gegen den vortrefflich verteidigten Rand des Dorfes vor. Den Geschützen war es nicht gelungen, Breschen in die Umfassung zu legen. Mauern und Zäune müssen daher überklettert werden. In die Gassen dringen die Angreifer ein, schon glauben sie sich im Besitz des Dorfes, da wirft ein gewaltiger Gegenstoß die durch den Ortskampf völlig aufgelösten Preußen wieder heraus. So geht es ein zweites, ein drittes Mal. Zum viertenmal will Kleist seine Truppen zum Sturm vorführen, da verhindert dies ein Befehl des Oberkommandos. Es glaubte zu beobachten, daß Napoleon den Rückzug angetreten habe: das Dorf werde daher von selbst bald geräumt werden. Kleist beschränkte sich von da ab, Probstheida, um das er so heiß gerungen, unter Artilleriefeuer zu halten.

Das Eingreifen der ersten Abteilungen des Kronprinzen von Schweden fällt zusammen mit dem Uebertritt einer sächsischen Division und einer württembergischen Reiterbrigade zu den Verbündeten. Wie kam das?! Der Württemberger Normann hatte von seinem König den strengsten Befehl, seine Truppen möglichst zu schonen. Als sich ihm daher bei Taucha Uebermacht nahte, entzog er sich dem Kampf und der sicheren Vernichtung dadurch, daß er seine 550 Reiter zum Feinde herüberführte. Der Kommandeur der sächsischen Division hatte sich nach Dennewitz seiner Leute nicht mehr sicher gefühlt. Man war es müde, weiter noch Blut für einen Fremden, dazu in aussichtslosem Kampfe, zu vergießen. Er meldete dies seinem König, der in Leipzig weilte. Die Antwort ließ erkennen, daß sie unter dem Druck seiner französischen Umgebung und nicht in voller Freiheit der Entschließung gegeben war. Die sächsischen Offiziere glaubten daher am richtigsten zu handeln, wenn sie sich von einer verlorenen Sache trennten, um so die Armee ihrem Könige zu erhalten. Der größte Teil, 3000 Mann, benutzte den Augenblick, als die französische Division Durutte fluchtartig Paunsdorf verließ, und trat zu den Verbündeten über; 1000 Mann waren treu geblieben. Sie wurden hinter die Front geführt, aber nicht im Kampf verwendet. Im ganzen haben 4000 Mann Rheinbündler in der Schlacht die Partei gewechselt. Daß Napoleon hierüber empört war, ist zu verstehen, denn ein Verrat war es; „der Widerstreit zwischen dem Empfinden, du bist ein Deutscher und dem Pflichtgefühl des Soldaten, hatte zu einer Verwirrung der Begriffe geführt, der den offenen Verrat, wenn nicht als geboten, so doch als erlaubt erscheinen ließ". Allein sein Versuch, diesen Ausfall von ein paar tausend Mann als einzigen Grund seiner doch ohnehin schon besiegelten Niederlage hinzustellen, ward nur gemacht, um den Franzosen Sand in die Augen zu streuen; er ist angesichts der Tatsachen als gescheitert zu betrachten.

Gegen Mittag entschloß sich Napoleon, über Lindenau abzuziehen — Bertrand nach. Während zunächst alles Fuhrwerk auf dieser einen Straße in eine Marschkolonne eingefädelt wurde, kämpfte er selbst von nun ab nur mehr um die Sicherung seines Rückzugs. Mit einbrechender Dunkelheit beginnen auch die Truppen derselben Straße zuzustreben; zunächst die berittenen Waffen. Mac Donald hält zur Deckung dieser Bewegung mit 30000 Mann Leipzig. Alles dies blieb den Verbündeten nicht verborgen. Blücher hatte bei dem hellen Sonnenschein von seinem Standpunkt bei Gohlis den Verlauf des Gefechtes auch südlich von Leipzig genau verfolgen können. „Das Schauspiel war einzig," schreibt Gneisenau, „eine halbe Million Streiter auf einem kleinen Raum sich bekämpfen zu sehen." Es entging ihm denn auch nicht, wie mit der fortschreitenden Entwicklung Bernadottes die Lage Napoleons nach und nach immer hoffnungsloser wurde. Er sah auch die Einleitung seines Rückzugs. Die gegen Abend aus dem großen Hauptquartier eintreffende Nachricht, der Feind scheine nach Westen abzumarschieren, sagte ihm daher nichts Neues. Ganz in seinem Sinne war darum der gleichzeitig bei ihm eingehende Befehl, alles, was er entbehren könne, aus dem Kampf herauszuziehen und nach der Saale marschieren zu lassen, um sie noch vor dem abziehenden Feinde zu erreichen. York wurde denn auch sofort dorthin in Marsch gesetzt. Giulay erhielt ebenfalls den Befehl zum Abmarsch nach der Saale, und zwar nach Kösen.

Grauenhaft waren die Zustände in Leipzig während dieses nächtlichen Rückzugs. Alles staute sich in der Stadt; durch vier Tore strömten die Truppen

Fürst Schwarzenberg überbringt den verbündeten Monarchen vor Leipzig die Siegesnachricht, 18. Oktober 1813.

Gemälde von P. Krafft. Stich von J. Scott.

in sie hinein, durch ein einziges mußten sie es verlassen. In der Dunkelheit kreuzten sich die nach dem Ranstätter Tor eilenden Kolonnen vielfach. Zerbrochene Wagen, stürzende Pferde, verlassene Fahrzeuge hemmten den

Dankgebet der verbündeten Monarchen nach der Schlacht bei Leipzig, 18. Oktober 1813.

(Hinter den Monarchen Fürst Schwarzenberg zu Pferde.)

Zeichnung von P. C. Geißler.

Verkehr. In das schier unentwirrbare Durcheinander hinein trabten Kavallerie und Artillerie, überritten und überfuhren rücksichtslos alles, was ihr Vorwärtskommen hemmte. Die nun folgende Infanterie vermochte Leipzig ungehinderter zu durchschreiten, da der Mond mittlerweile aufgegangen war. Er beleuchtete ihren grausigen Weg, der sie durch die Tausende auf den Straßen und Plätzen liegenden kaum verbundenen Opfer der Schlacht führte.

Um 10 Uhr früh am 19. verließ Napoleon selbst die Stadt. Vorher hatte er noch veranlaßt, daß Abgesandte des Königs von Sachsen und der Bürgerschaft sich zu den Monarchen begeben sollten, um Verhandlungen wegen Räumung der Stadt ohne Kampf anzuknüpfen. Nicht Menschlichkeit war es, was ihn hierzu bewog. Zeit versuchte er zu gewinnen. Von dem König hatte er sich mit der Versicherung verabschiedet, er werde in wenigen Tagen

Ansicht des Ranstädter Tores in Leipzig am 20. Oktober 1813.
Lithographie im Museum des Vereins zur Geschichte der Stadt Leipzig.

wieder zurückkehren, um die Stadt zu entsetzen. Er rechne darauf, daß er der französischen Sache treu bleibe. Ob der Kaiser dies selbst glaubte?

Die Verbündeten rüsteten sich mittlerweile, um den letzten Widerstand zu brechen. Beim Vorgehen fand man die Dörfer und Stellungen, um die man gestern so heiß gerungen, vom Feinde geräumt. Das erste Feuer bekam man erst wieder an den Toren von Leipzig. Im Begriff, sie anzugreifen, erschien die von Napoleon veranlaßte Abordnung. Es wurde beschlossen, zwei höhere Offiziere mit der Antwort der Monarchen an den König zu schicken. Bis zu deren Rückkehr sollten die Waffen ruhen. Der König von Sachsen wies sie ab. Von Norden her hatte mittlerweile der

Sturm auf Leipzig begonnen. Auf einen heftigen Widerstand war man nicht gefaßt. Allein die Franzosen wehrten sich hier, wie auch im Süden, wo nach einer halben Stunde der Kampf wieder aufgenommen wurde, auf das hartnäckigste. Sacken versuchte über die Parthe in die Hallesche Vorstadt einzudringen, von Osten griffen Bülow und Borstell das Grimmaische Tor an, in die südöstliche und südliche Vorstadt drang Bennigsen ein. Seine Russen stießen hier auf ihre Nationalfeinde, die Polen, unter Poniatowski. Der Kampf war schnell entschieden: um 12½ Uhr waren alle Vorstädte in der Hand der Verbündeten, der Sturm auf Leipzig selbst begann. Es entwickelte sich nun zum Schluß noch einmal ein mörderischer Kampf um die vier Eingänge. Am heftigsten tobte er um das Grimmaische Tor; hier fochten Rheinbundtruppen, Hessen=Darmstädter, Badener und Sachsen ihren letzten Kampf – heldenmäßig. Nur schwache Reste entgingen dem Bajonett der ostpreußischen Landwehr, sie streckten auf dem Marktplatz die Waffen. Während die Tore schon gestürmt waren und durch sie die Angreifer mit den Verteidigern in die Stadt eindrangen, übertönte ein furchtbarer Knall den Gefechtslärm. Die Elsterbrücke am Ranstätter Steinweg war in die Luft geflogen. Ihre Sprengung war vorgesehen, sie sollte jedoch erst dann erfolgen, wenn die letzten Truppen die Stadt geräumt hätten. Ein Pulverschiff war dazu unter ihr verankert. Als russische Abteilungen sich von Norden her ihr näherten, glaubte das mit der Zündung betraute Kommando nicht mehr länger warten zu dürfen, trotzdem sich noch ununterbrochen der Strom der Fliehenden über die Brücke wälzte. „Die Wirkung," heißt es in einem Bericht, „war eine über alle Beschreibung fürchterliche und grauenvolle. Steine, Balken, Wagen, Pferde und Menschen in großer Zahl wurden in Stücke gerissen und fortgeschleudert und fielen in krachendem Niedersturz bis weit in die umliegenden Gärten und Stadtteile. Der Zug der Fliehenden stockte. Auf die Vordersten regnete es glühende Steine und menschliche Gliedmaßen. Die Nachfolgenden, denen die entstandene Oeffnung durch eine dichte Rauchwolke für einige Minuten verborgen blieb, drängten mit Ungestüm vorwärts, und es blieb ihnen nur die Wahl, entweder sich in den Fluß zu stürzen und sich durch Schwimmen zu retten, oder vor den nachfolgenden Verbündeten die Waffen zu strecken." Tausende ergaben sich hier; Tausende an den Uebergängen über die Pleiße, auf die sie der von Norden und Osten vordringende Ansturm mit Massenfeuer hindrängte. Poniatowski mit vielen Hunderten fanden den Tod hier durch Ertrinken beim Versuch, sich durch Schwimmen an das jenseitige Ufer zu retten. Noch focht man an der Pleiße und der Elster, als der russische Kaiser und der preußische König, denen sich bald der Kaiser von Oesterreich anschloß, in die Stadt einritten. Auf dem Markte trafen sie schon Bernadotte, Blücher und Bennigsen.

2 Uhr mochte es sein, als die letzten Schüsse verhallten. Die Völkerschlacht von Leipzig war geschlagen.

Mit Dankbarkeit richteten die Sieger ihren Blick gegen Himmel. Ein Zug tiefer Frömmigkeit ging damals durch das ganze Heer. Allüberall erscholl es abends aus den Lagerplätzen: „Nun danket alle Gott.“ Dankbar gedachte man aber auch der Armee. Ihre Führer wurden mit Ehren von den Monarchen überhäuft; zumeist Blücher. Man verschloß sich nicht der Einsicht, daß wenn seine treibende Kraft in diesem Feldzuge gefehlt hätte, er anders verlaufen wäre. So wurde der Führer der schlesischen Armee nicht nur von seinem König ausgezeichnet und zum Generalfeldmarschall ernannt; auch der Kaiser von Oesterreich sandte ihm einen goldenen, mit Edelsteinen besetzten Degen. „Der Kaiser von Rußland,“ so schrieb der ewig frische General an seine Frau „hat mich in Leipzig auf öffentlichem Markt geküßt und den Befreier Deutschlands genannt.“ Groß und berechtigt war die Siegesfreude in dem Heere und im ganzen Lande, zumal in Preußen. „Wie glücklich ich jetzt atme, lebe und webe,“ heißt es in einem Briefe Gneisenaus an die Prinzessin Radziwill, „können Ew. Königl. Hoheit ermessen, das höchste Glück des Lebens ist Befriedigung der Rache an einem übermütigen Feind. Wir haben sie genommen diese Rache, auf eine Weise, wie die Geschichte kein Beispiel kennt. Der Staat ist gerettet, der Thron ist gefestigt. Wir sind zwar arm geworden, aber jetzt reich an kriegerischem Ruhm und stolz auf die wiedererrungene nationale Unabhängigkeit.“ Freiherr von Stein schrieb, „von einem Ende Deutschlands bis zum anderen wagt man es auszusprechen, daß Napoleon ein Schurke und der Feind des menschlichen Geschlechts ist, daß die schändlichen Fesseln, in denen er unser Vaterland hielt, gebrochen sind, und die Schande, womit er uns bedeckte, in Strömen französischen Blutes abgewaschen ist“.

Ja, Ströme von Blut waren geflossen! Die Tage vom 14. bis 19. Oktober 1813 hatten den Franzosen 37000 Mann, den Verbündeten aber 52000 Mann (darunter 16000 Preußen) an Toten und Verwundeten gekostet. Der Gesamtverlust der Besiegten stieg aber mit den Gefangenen auf 72000 Mann. 28 Fahnen, 325 Geschütze, 900 Munitionswagen und 40000 Gewehre waren dem Sieger in die Hände gefallen.

Nicht mehr als 80000 Mann vermochte Napoleon hinter der Saale zu sammeln.

Furchtbare Zustände herrschten auf dem Schauplatz der mehrtägigen Kämpfe und in Leipzig selbst. Entsetzlich war vor allem das Los der Verwundeten. Lagerstätten, Lebensmittel, Verbandzeug, alles fehlte. Aerzte und Pfleger reichten nicht im entferntesten aus zur Versorgung der gewaltigen Zahl der Opfer. Das allgemeine Elend, das, was die Verwundeten zu ertragen hatten, spottete jeder Beschreibung. Tausende, die unter günstigeren Umständen dem Leben hätten erhalten werden können, mußten vor Kälte, Hunger und wegen mangelnder Pflege elend zugrunde gehen.

Den Feind auf dem Schlachtfelde völlig zu vernichten, war nicht gelungen. Das ganze Bestreben des Siegers mußte daher nun darauf gerichtet werden, die geschlagenen napoleonischen Scharen auf ihrem Rückzuge keinen Augenblick mehr zur Ruhe kommen zu lassen und ihnen an der Klinge zu bleiben. Man konnte hoffen, Napoleon dann noch einmal diesseits des Rheins, und zwar unter für ihn ungünstigsten Verhältnissen zum Kampf zu stellen. Die Bemühungen Oesterreichs, Bayern zu den Verbündeten herüberzuziehen, hatten schon vor dem Frühlingsfeldzug eingesetzt. Allein erst nach der Niederlage der napoleonischen Marschälle wurden sie von Erfolg gekrönt. Am 8. Oktober schloß es sich durch den Vertrag von Ried den Gegnern Napoleons an. Einen erheblichen Zuwachs konnte dies für die Streitkräfte der Verbündeten aber sofort noch nicht bringen. 30000 Bayern waren aus Rußland nicht mehr zurückgekehrt. Erst anfangs Oktober waren 28000 Mann verwendungsbereit.

Sie wurden zusammen mit 24000 Oesterreichern am 13. auf Bamberg in Marsch gesetzt. Ihr Befehlshaber, Fürst Wrede, sollte Würzburg fortnehmen und dann im Rücken Napoleons gegen Frankfurt und Fulda vorgehen.

Die Verfolgung war zwar eingeleitet worden, doch nicht umfassend und mit der Masse nicht zeitig genug. In der Siegesfreude des 19. vergaß man, daß jede verlorene Stunde dem Gegner zugute kam. Hätte man sofort nach der Eroberung Leipzigs genügend Uebergänge über Pleiße und Elster hergestellt, so hätte man so schnell mit allem folgen können, daß es Napoleon nicht gelungen wäre, unbelästigt seine Truppen hinter die Saale zurückzuführen. Erst am 21. bei Kösen und bei Freiburg an der Unstrut erreichten die zuerst, am 19. noch, auf die Fährte gesetzten Korps Yorks und Giulays die französische Nachhut. Es kam zu Gefechten, die aber einen ordnungsmäßigen Rückmarsch nicht zu verhindern vermochten. Die Hauptarmee hatte erst am 20. die Verfolgung in zwei Kolonnen über Naumburg und Zeitz in der allgemeinen Richtung Erfurt aufgenommen. Bernadotte war gleichzeitig als Marschziel zunächst Göttingen gegeben worden. Die französische Armee hatte um diese Zeit aber schon die Saale zwischen sich und ihre Verfolger gebracht. Ihr weiterer Weg ging über Freiburg=Eckardtsberga, hier überschritt sie das Schlachtfeld von Auerstädt, auf Erfurt. Am 25. schon wurde dies wieder in Richtung auf Eisenach verlassen. Unaufhaltsam ging's weiter nach Westen. Napoleon hatte den Gedanken an jeden Widerstand diesseits des Rheins aufgegeben. Hierzu zwang ihn allein schon der Zustand seiner Truppen. Ihre Schlagfertigkeit nahm von Tag zu Tag ab; die Reihen lichteten sich mit jedem Marschtage mehr. Es machte sich jetzt auf dem Rückzug doppelt die große Jugend der Soldaten bemerkbar. Auch geistig brachen sie im Unglück zusammen. Der Zauber des Namens ihres Führers verlor nach den Niederlagen seine Macht über sie. Tausende benutzten die Nacht, um die Fahne zu verlassen, und ließen sich willig von den rastlos sie umschwärmenden Kosaken gefangen nehmen. Ohne große Gefechte wurde daher dennoch die Verfolgung recht wirksam. Die zunehmende Auflösung der französischen Truppen blieb auch den Verbündeten nicht verborgen. „Längs der Straße," so berichtete General von Müffling „lagen Leichen oder sterbende Menschen. Die Gefangenen, die man einbrachte, trugen den Tod auf den Gesichtern." Weiter ging der Rückzug über Fulda auf Frankfurt. Unzutreffende Beobachtungen der Kavallerie hatten bei Blücher die Vorstellung erweckt, Napoleon sei nach der Lahn abgebogen. Auch er nimmt daher diese

Richtung. York kommt am 4. November nach Gießen, allein jede Spur von Napoleon ist verloren. Ins Ungewisse hinein will er seine Truppen nicht weitermarschieren lassen. Er hält sie an und gönnt ihnen die dringend nötige Ruhe — seit dem 19. abends waren sie ununterbrochen marschiert. Hierdurch entging Napoleon noch einmal der endgültigen Vernichtung auf deutschem Boden. Als er sich nämlich am 29. Oktober mit seinen vordersten Truppen durch den Engpaß von Gelnhausen dem Kinzigtal näherte, wurde ihm starker Feind bei Hanau gemeldet. Es war Wrede. Für seinen Rücken unbesorgt — Blücher war ja verschwunden — brach er sofort aus dem Lamboiwalde hervor und warf sich mit den 17 000 Mann, die er zur Hand hatte, mit voller Wucht auf die Bayern. Der Angriff gelingt, der Feind wird trotz seiner doppelten Ueberlegenheit über den Haufen geworfen. Wrede fällt, schwer verwundet, Hanau wird genommen, die Straße nach Frankfurt ist wieder frei. Am 31. wird diese Stadt in Richtung auf Höchst durchschritten. Am 2. November geht's bei Mainz über den Rhein. Auf dem rechten Ufer bleiben nur Kastel und Hochheim besetzt. Am 5. hielten die Verbündeten ihren Einzug in Frankfurt. Blücher hatte recht behalten: „Wir werden noch in diesem Jahre Trauben am Rhein essen," hatte er den Zweiflern über den Ausgang des Krieges noch vor der Katzbach zugerufen. Aber in welcher Verfassung waren die Heere der Verbündeten am Rhein angelangt?! Am schlimmsten sah es bei der schlesischen Armee aus, die allerdings auch das meiste geleistet hatte. Von den 104 000 Mann, mit denen sie ihren Vormarsch nach dem Waffenstillstand begonnen hatte, waren nur mehr 40 000 Mann in Reih und Glied. Bekleidung und Schuhzeug waren völlig verbraucht, Geschütze und Fahrzeuge kaum mehr verwendungsfähig, die Pferde abgetrieben. Etwas besser stand es bei der Hauptarmee, die nach Hinzutritt der Bayern wieder 120 000 Mann zählte.

Als Napoleon den Rhein zwischen sich und seine Feinde brachte, wehten seine Fahnen noch über 14 Festungen in deutschen Landen. An die 140 000 Mann guter Truppen fielen damit für eine Fortsetzung des Feldkrieges für ihn aus. Dies war empfindlicher für den Kaiser, wie für die Verbündeten die Abgabe von Belagerungstruppen. Auf einen Entsatz konnten die Eingeschlossenen nicht rechnen. Ihre Widerstandskraft erlahmte demnach schnell. Am 11. November kapitulierte Dresden mit noch 27 000 Kampffähigen, am 26. ergab sich Torgau an Tauentzien. Während der hartnäckig von Narbonne geführten Verteidigung waren nicht weniger wie 15 000 Mann der Besatzung umgekommen. Am 30. kapitulierte Stettin mit noch 8000 Mann. Am hartnäckigsten und erfolgreichsten verteidigte sich Danzig. Erst als alle Lebensmittel aufgezehrt und durch Krankheiten die Besatzung so gelichtet war, daß jeder weitere Widerstand unmöglich erschien, ging Rapp auf Verhandlungen ein. Am 2. Januar 1814 verließen die tapferen Verteidiger, nach elf Monaten erbitterten Widerstandes, als Kriegsgefangene die Stadt. „Man ist im Zweifel,“ heißt es in Sporschils großer Chronik, „ob man der Standhaftigkeit Rapps oder der Tätigkeit seines Gegners, des Herzogs Alexander von Württemberg, den Preis zuerkennen soll. Unsterblicher Kriegsruhm verschwistert ihre Namen für immer.“ Wittenberg, Magdeburg, Hamburg, Erfurt, Würzburg, Wesel, Kastel, Kehl, Küstrin, Glogau setzten ihren Widerstand noch bis in das nächste Jahr hinein fort. Magdeburg und Hamburg wurden erst nach dem Friedensschluß übergeben.

Nach dem Eintreffen der Monarchen in Frankfurt begann für die Truppen die Zeit der Ruhe, zugleich aber eine Zeit der emsigen Vorbereitung für die Fortsetzung des Krieges. Denn darüber war nun allmählich doch Uebereinstimmung eingetreten, daß man nach Frankreich hinein den Krieg tragen müsse; anders werde Napoleon nicht zu einem günstigen Frieden zu zwingen sein. Während der militärischen Beratungen über die Fortsetzung des Krieges begann in der alten Kaiserstadt ein fieberhaft bewegtes politisches Leben und Treiben. Die Rheinbundfürsten erschienen hier und suchten noch zu retten, was zu retten war. Noch mehr wie die Einsicht, daß es mit der napoleonischen Vorherrschaft nun wohl dauernd vorbei sein werde, trieb sie dazu die Besorgnis vor der sich täglich immer drohender gestaltenden Haltung ihrer Landeskinder. Einer nach dem anderen der ehemaligen Vasallen Napoleons erschien in des alten deutschen Reichs Wahlstadt. Zuerst der Württemberger, dann die Regenten von Baden, Hessen-Darmstadt, Nassau, Sachsen-Koburg-Gotha. Man nahm sie in Gnaden auf und gestattete ihnen, unter Gewährleistung ihrer Selbständigkeit und ihres Länderbestandes, dem Bündnis gegen ihren ehemaligen Schutzherrn beizutreten. Nur dem nach der Einnahme von Leipzig nach Berlin in

Gefangenschaft abgeführten König von Sachsen verweigerte man dies. Napoleons Schöpfungen, das Königreich Westfalen und das Großherzogtum Berg, wurden aufgelöst und ihre Länder ihren früheren Fürsten zurückgegeben.

Nach Frankreich hinein mußte man, darüber war man sich einig, allein darüber, wie und wann und wie weit man vorgehen solle, darüber dachte Oesterreich anders wie Rußland, und Preußen wieder anders wie seine beiden Verbündeten. Alexander, durch Stein beeinflußt, wünschte energische Fortsetzung des Krieges bis zur völligen Niederwerfung Napoleons. Im Geiste sah er an Stelle der französischen eine russische Vorherrschaft in Europa erstehen. Ganz entgegengesetzte Wünsche hatte Metternich. Sein Hauptziel war, Rußland nicht zu stark werden zu lassen. Allgemein deutsche Interessen kannte er nicht. Für seinen Kaiserstaat hielt er mit dem Zurückwerfen Napoleons über den Rhein alles Notwendige für erreicht. Er drängte auf baldigen Abschluß eines Friedens. Wenn er auch für einen Einmarsch in Frankreich war, so doch nur deswegen, weil er annahm, Napoleon werde dadurch sofort nachgiebig werden. Innerlich war König Friedrich Wilhelm gegen einen Krieg in Frankreich. Er befürchtete, seine Truppen seien den Anforderungen eines neuen Feldzuges, dazu in der Winterzeit, nicht mehr gewachsen. Allein Blücher drängte auf baldigsten Rheinübergang. Er hatte nämlich erfahren, daß man wieder mit Napoleon Unterhandlungen begonnen und fürchtete hiervon mit Recht für Preußen das Schlimmste. In der Tat hatte Metternich unter Englands Zustimmung Napoleon Frieden anbieten lassen. Frankreich solle als Grenzen den Rhein, die Alpen und die Pyrenäen behalten. Was kümmerte ihn der deutschen Patrioten Zorn, der in Arndts Flugschrift: „Der Rhein, Deutschlands Strom, nicht Deutschlands Grenze“ auflammte.

Am 23. November traf Napoleons Antwort ein. Sie enthielt nur die Bereitwilligkeit, an Friedensverhandlungen teilzunehmen; über deren Grundlagen schwieg sie. Hierdurch wurde der Entschluß, den Rhein zu überschreiten, allgemein gestärkt. Aber dann? Blücher schlug vor, die schlesische Armee über Aachen auf Brüssel vorgehen zu lassen, um die reichen Hilfsquellen der Niederlande den Franzosen zu entziehen und von dort auf Paris vorzudringen. Gleichzeitig solle die Hauptarmee zwischen Mainz und Straßburg den Rhein überschreiten.

Schwarzenberg schlug dagegen vor, durch die Schweiz nach Frankreich hineinzumarschieren – etwa auf Langres. Er wollte einen, bedeutende Kräfte der Feldarmee entziehenden Belagerungskrieg um die französischen Festungen an der Ost= und Nordostgrenze vermeiden. Blücher solle durch einen Uebergang bei Koblenz diesen Marsch in der rechten Flanke decken. Schwarzenbergs Plan wurde angenommen. Die Hauptarmee überschritt am 21. Dezember bei Basel den Rhein. Unter Besetzung von Bern, Genf und den Jurapässen wurde über Belfort und Besançon in Richtung auf Langres angetreten. Die Besetzung der Niederlande, die Blücher vorgeschlagen hatte, war mittlerweile durch Teile der Nordarmee erfolgt. Bernadotte war am 1. November in Göttingen angekommen. Von einem Marsch über den Rhein versprach er sich für Schweden keine politischen Vorteile. Da aber Kaiser Alexander darauf drängte, griff der schlaue Gascogner, um allen Vorwürfen zu entgehen, zu dem Mittel, seine Kräfte zu teilen. Bülow und Wintzingerrode setzte er über Münster nach dem Rhein in Marsch. Am 23. rückte Bülow in Holland ein, am 24. erstürmte er Arnheim. Am 25. Dezember stand er schon südlich der Waal. Bernadotte selbst ging mit seinen Schweden auf Hamburg vor, um im Verein mit dem dort Davoust gegenüberstehenden Wallmoden die Franzosen zu vertreiben. Der französische Marschall ging hinter die Wälle des von ihm, unter rücksichtsloser Inanspruchnahme aller Mittel der reichen Hansestadt, in einen starken Waffenplatz umgewandelten Hamburg zurück. Das dänische Korps hatte sich vorher schon von den Franzosen getrennt, Lübeck sich ergeben. Bei Oldesloe wurde es von Bernadotte geschlagen.

Der Krieg auf französischem Boden

Die Nachrichten, die Napoleon über die Bewegungen des Feindes zugegangen waren und der Erfolg bei Hanau machten es ihm zur Gewißheit, daß seine Armee beim Uebergang über den Rhein nicht gestört werden konnte. Im Feldlager gab es also nichts mehr für ihn zu tun. Er eilte nach Paris, um von dort, was das Land noch an Mitteln besaß, zur Fortsetzung des Kampfes aufzubieten. Am 9. November traf er dort ein. Die von ihm schon vor der Schlacht bei Leipzig befohlene neue Aushebung hatte bei weitem nicht die erwartete Zahl von 280000 Mann geliefert; nichtsdestoweniger ordnete er am 15. November eine weitere von 300000 Mann an. Allein es zeigte sich, daß seine Franzosen kampfesmüde waren, trotzdem das Land bis jetzt noch nicht der Fuß eines feindlichen Soldaten betreten hatte und die Kriegslasten zum großen Teil auf die Schultern der Bundesgenossen geschoben worden waren. Man sträubte sich gegen diese neue ungeheure Blutsteuer. Zum erstenmal wagte man laut zu murren, selbst in dem so gefügigen gesetzgebenden Körper. „Seit drei Jahren mäht man unsere Jugend dreimal jährlich wie Getreide, es ist Zeit, daß der Vorwurf gegen Frankreich schweigt, als wolle es in der ganzen Welt verheerende Brandfackeln umhertragen.“ Man sehnte sich nach Frieden. Warum nicht vom Widerstand ablassen, fragte man, warum nicht einem Sieger entgegenkommen, der doch selber erklärte, daß ihm nichts erwünschter sei wie Frieden, der den Franzosen zugerufen hatte, er bekämpfe nur Napoleon, nicht Frankreich, der ja sogar Frankreich die Rheingrenze zugestehen wollte! Was könne man als Besiegter denn noch mehr verlangen?! Napoleon blieb taub hiergegen. Er beschleunigte nur noch seine Rüstungen und befahl die allgemeine Volkserhebung, die „Levée en Masse“. Allein trotz aller Bemühungen hatte er anfangs Januar nicht mehr als 120000 Mann, meist junger Truppen aufzustellen vermocht. Eine erdrückende Uebermacht setzten die Verbündeten mit ihren 329000 Mann hiergegen in Bewegung.

Am letzten Tage des Jahres schlug endlich auch für Blücher die so lang und mit Ungeduld herbeigesehnte Stunde für den Rheinübergang. An drei Stellen wurde am Neujahrstage 1814 der Fluß von der schlesischen Armee überschritten, bei Koblenz von St. Priest, bei Caub von York und Langeron, bei Mannheim von Sacken; bei der mittleren Kolonne befand sich Blücher. Ein Offizier seines Stabes beschreibt dies denkwürdige Ereignis: „Am letzten Tage des großen Jahres 1813 ritt das Blüchersche Hauptquartier von Wiesbaden das Gebirge hinan, ein weißer Nebel bedeckte das Rheintal. Abends erreichten wir über Schlangenbad den Engpaß, der von Weisel nach Caub hinunterführt. Wäre das tiefe Geheimnis der Punkte, an welchem die Verbündeten über den Rhein gehen sollten, nicht auf das treueste bewahrt worden, so hätten uns die Franzosen vom linken Rheinufer aus mit wenigen Kanonen beim Herabsteigen nach Caub zusammenschmettern können.“ Er berichtet dann weiter, wie man am Abend in Caub zusammengesessen habe, wie man der Vergangenheit gedacht und der qualvollen sieben Jahre, die seit Jena in grimmer Trauer verflossen waren. „Um Mitternacht — in der Silvesternacht — setzten 200 Füsiliere, vom Grafen Brandenburg geführt, in möglichster Stille über den Rhein. Beim Landen begrüßten sie das linke Rheinufer mit Hurrageschrei. Die Pontonbrücke ging vom rechten Ufer zunächst nach der Rheininsel, auf der die wunderliche alte Pfalz steht. Von der Insel war eine zweite Brücke hinüber auf das linke Rheinufer geschlagen. Aber der gewaltige Strom sprengte diese zweite Brücke. Darum wurden den ganzen Tag Truppen auf Kähnen hinübergesetzt unter Hurrarufen und Feldmusik. Erst am 2. Januar war die Brücke wieder hergestellt, und nun erfolgte der Uebergang der übrigen Truppen.“ Die französische Flußbewachung hatte nur schwachen Widerstand geleistet.

St. Priest hatte seinen Rheinübergang mit einer Ueberrumpelung der schwachen französischen Besatzung von Koblenz verbunden, Sacken bei seinem Uferwechsel unter den Augen des preußischen Königs ein an der Neckarmündung gelegenes Werk erstürmt. Der schwierige und angesichts des Feindes gefährliche Uebergang über einen Fluß von der Bedeutung des Rheins

Feldmarschall Fürst Blücher von Wahlstatt führt die Verbündeten über den Rhein bei Caub am 1. Januar 1814.

(Jostsche Sammlungen in Leipzig.)

war durch geschickte Anordnung vorzüglich durchgeführt worden — ein gutes Vorzeichen. Als Ziele waren für den Einmarsch zunächst gegeben: Für den äußersten rechten Flügel, Bülow mit Wintzingerode, die Gegend von Soissons, für die Mitte, Blücher, die obere Marne, für den linken Flügel, Schwarzenberg, die Gegend von Bar sur Aube. Begleiten wir zunächst Blücher. Marmont, der in die Pfalz vorgeschoben war, wich ihm aus. Leider hatte Blücher bei weiterem Vormarsch zur Einschließung von Mainz und Metz, sowie zur Beobachtung von Diedenhofen, Saarlouis und Luxemburg die beiden Korps Langeron und York zurücklassen müssen. Er verfügte daher, als er in Reichweite Napoleons kam, nur mehr über das eine Korps Sacken, 26000 Mann. Kleist, der nach dem Fall von Erfurt zu seiner Verstärkung nachmarschierte, war noch nicht heran. Am 24. Januar erreichte Blücher St. Dizier, Schwarzenberg Bar sur Aube. Es beginnt nun einer der spannendsten Abschnitte in dem abwechslungsreichen Schlußkampfe zwischen Napoleon und den Verbündeten. In ihm entfaltete der große, um Hilfsmittel nie verlegene Soldat noch einmal seine ganze Kühnheit und Gewandtheit und setzte noch einmal alle Welt durch seine Feldherrnkunst in Erstaunen. Er sah, wie von der Ostgrenze her ein überlegener Feind in mehreren, einstweilen noch getrennten Gruppen sich langsam gegen ihn heranschob. Nicht abzuwarten beschloß er, nein, er wollte sich noch vor deren Vereinigung auf den Gegner, den er als den gefährlichsten kennen gelernt hatte, stürzen. Das war Blücher. Ihn schätzte er hoch ein: „Der alte Teufelskerl hat mich stets mit gleicher Wut angegriffen, kaum habe ich ihn geschlagen, so stand er schon wieder kampfbereit da,“ sagte er auf St. Helena von ihm.

Blücher war von St. Dizier zur Vereinigung mit Schwarzenberg weitermarschiert. Napoleon lag mit 40000 Mann bei Chalons auf der Lauer. Er ließ Blücher ruhig den Marsch in seiner Flanke fortsetzen und warf sich dann in seinen Rücken, als dieser am 29. Brienne erreicht hatte. Am Tage vorher noch hatte Blücher aus dieser Stadt, auf deren Militärschule sein großer Gegner die erste Ausbildung erhalten hatte, an seine Frau geschrieben: „Wir sind nun wieder nahe am Feinde und eine Hauptschlacht muß alles entscheiden. Ich bin mit meiner Armee völlig dazu vorbereitet. Gewinnen wir sie, wie nicht zu bezweifeln ist, so sind wir in acht Tagen vor Paris.

Ich muß schließen, da mir gemeldet wird, daß der Kaiser Napoleon in Vitry nicht weit von mir angekommen ist. Also geht's zu Pferde. Meine Leute sind voller Verlangen, dem Tyrannen zu begegnen." Die Meldung war richtig gewesen. Napoleon war nicht mehr weit, aber so wie Blücher sich den Verlauf der Dinge gedacht hatte, ging's doch nicht. Es gelingt ihm noch, vor dem Angriff des Kaisers, seine schon im Weitermarsch befindlichen Truppen in einer guten Stellung in und bei Brienne zu vereinigen. Zwischen 3 und 4 Uhr nachmittags, am 29., entbrennt der Kampf um sie. Er endete damit, daß der Angriff Napoleons trotz seiner Uebermacht, abgewiesen wurde. Allein Blücher hatte doch den Eindruck gewonnen, daß er sich im Falle einer Erneuerung des Angriffs einer Niederlage aussetze. Diese war aber für den nächsten Morgen als sicher anzunehmen. Er befahl daher in der Nacht noch den Abmarsch auf die Hauptarmee nach Südosten über La Rothière. In einer Stellung unweit davon, bei Eclance und Trannes, erwartete Blücher den weiteren Angriff Napoleons, der ihm gefolgt war. Schwarzenberg hatte ihm zu seiner Unterstützung 26 000 Oesterreicher und Württemberger geschickt. Gegen alle Erwartung vergingen die beiden folgenden Tage, ohne daß Napoleon vor der Stellung erschien. Auch am 1. Februar morgens blieb noch alles ruhig. Da vertauschte Blücher die Rollen, er ging selbst zum Angriff über. Dieser war mit vollem Erfolg gekrönt. Nach langem hin und her schwankendem Kampfe bei starkem Schneegestöber wurde La Rothière genommen, der Feind mit dem Verlust von 60 Kanonen und 3000 Gefangenen auf Brienne zurückgeworfen. Nicht wenig stolz war Blücher darauf, daß er es gewesen war, der Napoleon die erste Niederlage auf französischem Boden beigebracht hatte. „Für mich," äußerte er, „war es der glücklichste Tag, den ich je erlebt habe." Von allen Seiten beglückwünschte man den greisen Helden. „Heute haben Sie die Krone auf all Ihre Siege gesetzt," mit diesen Worten begrüßte ihn Kaiser Alexander, der mit den anderen Monarchen der Schlacht beigewohnt hatte, „die Menschen werden Sie segnen." Wie es so oft im Glück, nicht nur im Kriege zu gehen pflegt, überschätzte man auch hier den Erfolg. Blücher war der festen Ueberzeugung, nun sei Napoleons Widerstandskraft gebrochen, in acht Tagen werde man vor Paris stehen. Was nun folgte, sollte Blücher belehren, daß ein Riese wie Napoleon nicht mit einem

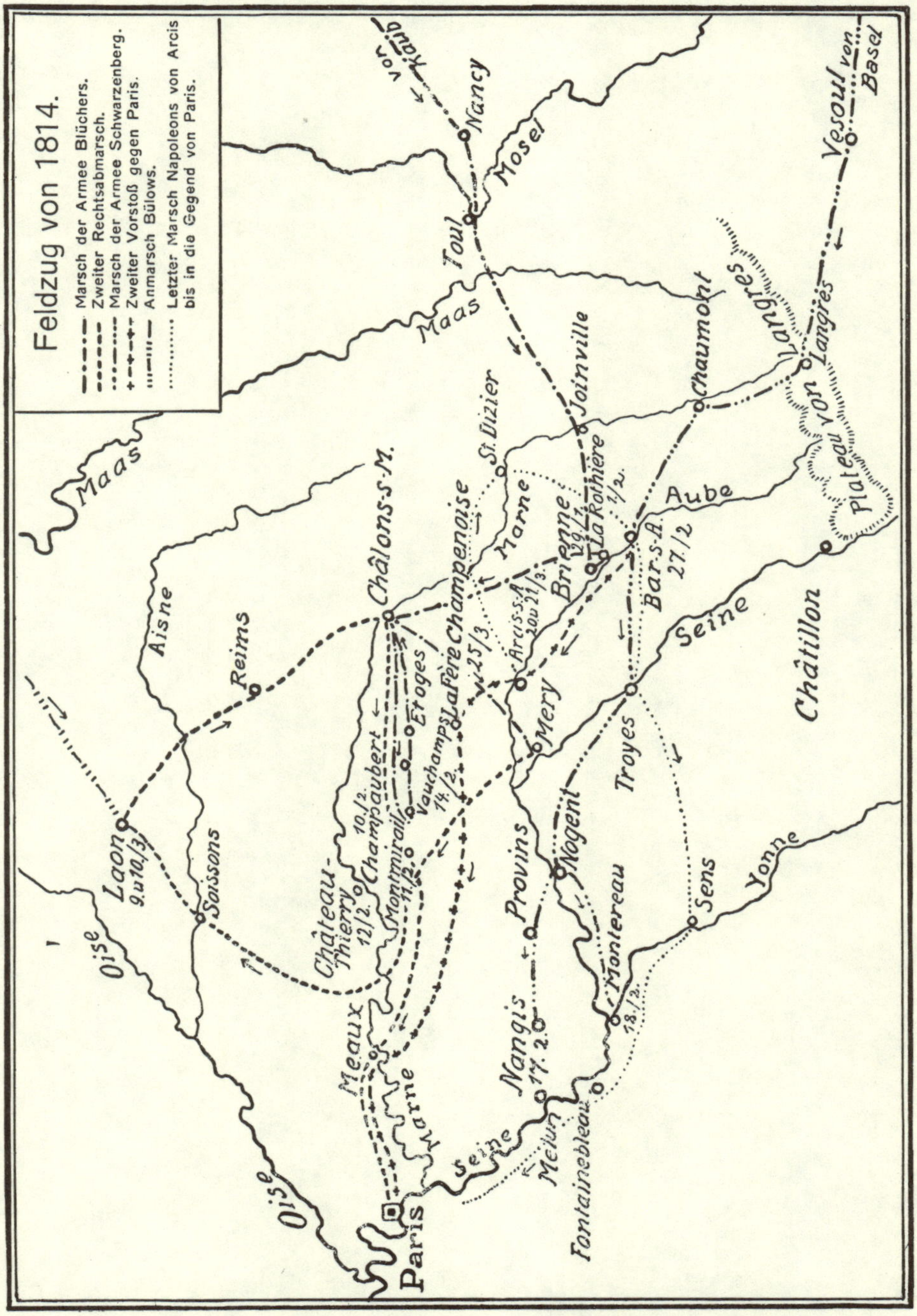
Feldzug von 1814.
Marsch der Armee Blüchers.
Zweiter Rechtsabmarsch.
Marsch der Armee Schwarzenberg.
Zweiter Vorstoß gegen Paris.
Anmarsch Bülows.
Letzter Marsch Napoleons von Arcis bis in die Gegend von Paris.
von Kaub
Nancy
Mosel
Toul
Maas
Maas
Vesoul
von Basel
Langres
Plateau von Langres
Chaumont
Joinville
St. Dizier
La Rothière 1./2.
Brienne
Aube
Bar-s-A. 27./2
Châtillon
Seine
Marne
Châlons-s-M.
La Fère Champenoise 25/3
Arcis-s-A. 20.u.21/3.
Mery
Troyes
Etoges
Vauchamps 14./2.
Champaubert 10./2.
Montmirail 11./2.
Château-Thierry 12/2.
Reims
Aisne
Laon 9.u.10/3
Soissons
Oise
Oise
Provins
Nogent
Montereau 18./2.
Sens
Yonne
Nangis 17.2
Meaux
Marne
Seine
Melun
Fontainebleau
Paris

Schlage zu fällen ist. Noch mehr wie einmal sollte er den eisernen Griff des um sein Dasein kämpfenden großen Soldaten schmerzlich fühlen. Der weitere Feldzug gestaltete sich nun zu einem spannenden Zweikampf zwischen dem Kaiser und dem Führer der schlesischen Armee, dessen Ausgang den Krieg entscheiden sollte.

Napoleon war weit davon entfernt, seine Sache verloren zu geben. Er hatte wirklich Glück, kaum vereinigt, teilten sich seine Feinde wieder. Wegen Verpflegungsschwierigkeiten wurde beschlossen, daß der Weitermarsch auf Paris von der Hauptarmee im Seinetal, von der schlesischen, mit dem mittlerweile in Châlons eingetroffenen York und Kleist, im Marnetal fortzusetzen sei. Napoleon nutzte diese Trennung aus. Dem an Zahl überlegenen Schwarzenberg gegenüber beließ er nur schwache Abteilungen. Mit allem anderen stürzte er sich wieder auf Blücher; eine kühne und geschickte Maßregel. Die Art, wie Blücher seine Armee durchs Marnetal vorschob, begünstigte Napoleons Absichten in ungeahnter Weise. Sie stand am 9. Februar abends auf der sogenannten „kleinen Pariserstraße", die südlich des Flusses nach der Hauptstadt führt, in einzelnen Staffeln hintereinander, auf eine Strecke von 75 Kilometer auseinandergezogen; vorn Sacken, in der Mitte Olsuwieff, dahinter Kleist und Kopzewitsch, während York 20 Kilometer weit nach rechts, nach Château Thierry an der Marne selbst entsendet war. Blüchers Hauptquartier war in Etoges hinter Olsuwieff. Mitten in diese getrennten Marschkolonnen hinein stieß Napoleon von Sezanne her. Am 10. Februar wurde der nichts ahnende Olsuwieff bei Champaubert geschlagen. Am 11. ging es bei Montmirail Sacken und dem am Nachmittag auf dem Kampfplatz erscheinenden York nicht besser. Am 12. wurden beide wieder bei Château Thierry hart bedrängt, sie mußten bis Reims zurück. Am 14. kommt Kleist an die Reihe bei Vauchamps. Nur durch einen sehr geschickt ausgeführten Rückzug entzieht sich der Sieger von Nollendorf dem Geschick, das er einst Vandamme bereitet hatte. Hören wir einen Geschichtsschreiber diesen denkwürdigen Tag schildern: „Als die preußischen Bataillone bei Champaubert die Ebene betraten, sahen sie die lange Linie feindlicher Schwadronen zu beiden Seiten der Chaussee vorgelagert, um ihnen den Rückzug abzuschneiden. Es nahte die furchtbarste Stunde in den Unglückstagen der schlesischen Armee, denn die größten Männer des preußischen Heeres liefen Gefahr, in Gefangenschaft des Feindes zu fallen. Die Preußen sahen die Wetterwolken der feindlichen Geschwader, die ihnen den Weg nach Etoges verlegten, sie hörten den Donner der Geschütze, die der Feind vor ihrer Front und in den Flanken und auf den Höhen von Champaubert hatte auffahren lassen. Sie hatten keine Wahl mehr und keine Zeit zur Wahl. Acht Bataillone in Angriffskolonnen, dicht um ihre Fahnen geschart, schlossen sich auf beiden Seiten der Chaussee zu einem großen Viereck zusammen, nahmen die Geschütze in die Zwischenräume und in die Mitte ihre Heerführer. Sämtliche Tambours des Kleistschen Korps schlugen den Sturmmarsch, die Regimentsmusiken spielten vaterländische Weisen, die Geschütze donnerten und die Fahnenspitzen ragten durch die Pulverwolken aufwärts. Mit Hurra rückten die Bataillone vor, um sich durchzuschlagen. Hier sah man, was preußische Krieger für geliebte Führer leisten. Ein lebendiger Wall bildete sich um Blücher, Prinz August von Preußen, Kleist, Grolman, Gneisenau. Die französischen Schwadronen stürmten von drei Seiten zur Attacke an. Auf dreißig Schritt gaben die Bataillone Feuer, die Rosse scheuten, bäumten und machten kehrt. Der Angriff war abgeschlagen." Nur mit dem empfindlichen Verlust von 83 Offizieren und 2000 Mann war der geordnete Rückzug zu erkaufen gewesen. Das Kleistsche Korps war auf 5000 Mann zusammengeschrumpft. Am 16. sammelten sich die einzeln geschlagenen Teile der schlesischen Armee wieder in Châlons. Schweres Lehrgeld hatte Blücher zahlen müssen für die Unterschätzung seines Gegners. 14000 Mann, 47 Geschütze hatte er verloren. Am Tage vor Champaubert hatte er noch nach Hause geschrieben: „Nun geht es auf Paris los, es wird drauf ankommen, ob Napoleon noch eine Schlacht liefern wird, ich glaube es nicht!"

Ungebrochen war der Angriffsgeist der Armee und ihres Führers aus diesen Widerwärtigkeiten hervorgegangen. Nur verzweifelt grimmig war Blücher; genau so weit wie vor 14 Tagen nach dem Erfolg von La Rothière stand er wieder von seinem heiß ersehnten Ziele Paris ab. Dennoch verzweifelte er nicht am Endausgang. „Es ist dem Kaiser Napoleon nicht gelungen," so meldete er seinem Kriegsherrn, „in drei blutigen Gefechten, in welchen er seine alte Garde gegen die schlesische Armee geführt, ihr entscheidende Schläge beizubringen."

Viel stärker wirkte die Nachricht von den Schlag auf Schlag erlittenen Niederlagen im großen Hauptquartier. Dort wurde man völlig mutlos. Die Stimmung wurde noch düsterer, als nach ein paar Tagen am 18. Februar Napoleon, der von Blücher abgelassen hatte, auch Teile der Hauptarmee bei Nangis und Montereau anfiel und schlug. Man befahl den Rückzug beider Armeen hinter die Aube und ließ sogar Napoleon einen Waffenstillstand anbieten. Wie triumphierte dieser! „Es ist schwer, so feige zu sein," schrieb er an seinen Bruder Joseph. „Diese jammervollen Menschen, beim ersten Mißerfolg fallen sie auf die Knie." Eine übermäßige Siegesfreude bemächtigte sich seiner, er wurde in ihr noch dadurch bestärkt, daß die Bevölkerung, die anfangs von einer Fortführung des Krieges nichts hatte wissen wollen, nun unter dem Druck der schweren Kriegslasten offen gegen die Verbündeten eine feindselige Haltung annahm. Dabei war der Kaiser sehr wohl darüber unterrichtet, daß die Abgänge bei den feindlichen Armeen infolge der mangelhaften Verpflegung von Tag zu Tag zunahmen. Die Verbesserung seiner militärischen Lage nutzte er sofort auch politisch aus. Den Abgesandten Schwarzenbergs, Träger eines Vorschlags zur Waffenruhe, ließ er gar nicht vor. Die seinen Unterhändlern nach Châtillon seinerzeit mitgegebenen unbegrenzten Vollmachten zog er nun zurück. Frieden werde er nur schließen, erklärte er jetzt, wenn Frankreich Pyrenäen, Alpen und Rhein als Grenzen behalte. Vom 5. bis 19. März verhandelte man in Châtillon, während die Operationen weitergingen.

Wie bisher nach jedem Rückschlag, so war es auch diesmal Blücher wieder, der, in keiner Weise entmutigt, unablässig auf baldigste Wiederaufnahme des Vormarsches drang. Was konnte durch Abwarten gewonnen werden?! Es konnte die Lage nur verschlimmern. Er beschwor seinen König, er möge ihn doch wenigstens vorgehen lassen! „Die ganze französische Nation tritt unter die Waffen. Unsere siegreiche Armee wird mutlos. Wir gehen durch rückwärtige Bewegungen in Gegenden, wo unsere Truppen durch Mangel bedrückt werden. Die Einwohner werden durch den Verlust des Letzten, was sie noch haben, zur Verzweiflung gebracht. Der Kaiser von Frankreich wird sich von seiner Bestürzung, worin er durch unser Vordringen gebracht, erholen und seine Nation wieder für sich gewinnen." Seine Vorstellungen hatten Erfolg. Am 23. erhielt Blücher tatsächlich

Bewegungsfreiheit. Noch einmal war es ihm gelungen, seine und dadurch die gesamten Kräfte wieder nach vorwärts in Bewegung zu bringen.

Für die Wahl der Richtung, die die schlesische Armee nun einschlug, scheint der Rat Grolmans, Chef des Stabes von Kleist, ausschlaggebend gewesen zu sein. Er setzte Blücher mit Genehmigung seines Generals auseinander, die Armee hätte nichts mehr zu leben und wenn sie durch die

Kronprinz Friedrich Wilhelm
(später Friedrich Wilhelm IV.) während des Feldzuges 1814/15.
Nach Tomuschat, Preußen und Napoleon I.

Gegenden, die man beim Vormarsch durchschritten und ausgesogen habe, zurückginge, würde sie verhungern, die durch den Rückzug entmutigten Soldaten würden auseinanderlaufen. Es sei besser, den aus den Niederlanden anmarschierenden Korps Bülow und Wintzingerode entgegenzugehen und mit ihnen vereint den Weg nach Paris einzuschlagen, ohne sich weiter um die ewig zögernde Hauptarmee zu bekümmern. Blücher und Gneisenau waren Feuer und Flamme für den Vorschlag und sandten Grolman weiter, in das große Hauptquartier nach Troyes, um hier die Genehmigung zu seiner Ausführung zu erbitten. Er überzeugte den Monarchen. So konnte denn Blücher losmarschieren. Ein bedeutungsvolles Ergebnis, wie sich bald zeigen sollte! Der entscheidende Umschwung in der Kriegsführung der Verbündeten war durch Grolmans Hervortreten herbeigeführt. Denn auch Schwarzenberg nahm nun den Vormarsch wieder auf. „Grolman allein ist der Mann," so hat Blücher später oft ausgesprochen, „dem wir den Marsch auf

Prinz Wilhelm von Preußen
(später Kaiser Wilhelm I.) während des Feldzuges 1814/15.
Gemalt von K. Steuben.

Paris, dem wir das Gelingen des ganzen Marsches verdanken." Napoleon, selbst der Wagemutigsten einer, beurteilte den von Grolman gefaßten Gedanken, als „einen der kühnsten Pläne des Feldzuges, durch den in wenigen Stunden sich das Schicksal des Krieges gewandt hat". Am 24. Februar trat Blücher von Méry seinen Abmarsch nach Norden an, Wintzingerode und Bülow wurden unter seinen Befehl gestellt. Die Freude hierüber war unbeschreiblich, nicht bloß bei dem Feldmarschall und seiner Umgebung, sondern allgemein in der ganzen Armee.

Am 27. Februar wurde bei La Ferté die Marne überschritten, an demselben Tage, an dem auch die Hauptarmee den Vormarsch wieder aufgenommen hatte. Der preußische König, der beim Rückmarsch nicht mit den anderen Monarchen nach Chaumont gegangen war, war es, der hierauf bei Schwarzenberg gedrängt hatte. Dieser stieß auf den völlig überraschten Oudinot und schlug ihn bei Bar sur Aube am 27. Februar gründlich aufs Haupt. Der preußische König war der einzige der Herrscher, der diesem Gefecht beiwohnte. Seine beiden ältesten Söhne waren an seiner Seite. Prinz Wilhelm, später des neuen deutschen Reiches erster Kaiser, stand zum erstenmal hier im Feuer. Er erhielt von seinem Vater den Auftrag, sich nach dem Namen eines besonders unerschrocken vorgehenden russischen Regiments zu erkundigen. Es war das Regiment Kaluga, dasselbe, dessen Chefsstelle dem Prinzen später in Erinnerung daran übertragen worden ist. Das Soldatenblut wallte mächtig in dem 17 jährigen auf. „Für mich war der Tag unbezahlbar," schrieb er in sein Tagebuch. „Zum ersten Male, wenn auch nur kurze Zeit, im Feuer gewesen zu sein und alles so in der Nähe mitgemacht zu haben, stellt mich den anderen gleich." Für sein mutiges Verhalten verlieh ihm der Zar das Georgskreuz. Sein Vater und Kriegsherr heftete ihm am 10. März, der verewigten Mutter Geburtstag, das Eiserne Kreuz auf die Brust.

Am 4. März wurde Troyes nach leichtem Gefecht wieder besetzt. Allein nun nahm der Vormarsch schon wieder ein Ende. Man verlegte die Armee zu ihrer Erholung in weite Unterkunft zwischen Yonne und Seine. Welch' ein Unterschied zwischen der Kriegführung Schwarzenbergs und Blüchers. Dieser hatte sich am 4. März bei der Festung Soissons, die zwei Tage vorher sich hatte ergeben müssen, mit Bülow und Wintzingerode vereinigt und verfügte dadurch wieder über 113 000 Mann. Während des Marsches dahin mußte er in den Tagen vom 1. bis 3. März mehrfach Angriffe der Korps Marmont und Mortier abweisen. Er führte nun, wie er sich ausdrückte, „seinen eigenen Krieg und treiben wir unser Wesen ganz für uns. Ich habe von Napoleon tüchtige Schmiere bekommen, aber ich will sie ihm reichlich zurückgeben." Bülows und Wintzingerodes Truppen gaben eine um so wertvollere Verstärkung für Blücher ab, als sie in bester Verfassung waren. Im großen und ganzen hatten die beiden Korps nur einen Kampf vor Festungen geführt, der ihnen in dem reichen Lande nicht annähernd die Anstrengungen auferlegte, wie der schlesischen Armee der ununterbrochen hin und her schwankende Bewegungskrieg in dem ausgesogenen Ostfrankreich. Bülow hatte gemeinsam mit einem kleinen englischen Korps unter Graham am 20. Januar den Marsch gegen Antwerpen angetreten, auf dem Wege dahin die kleinen von den Franzosen verteidigten festen

Der Norddeutsche Kosak Blücher Engländer Napoleon Franz. Soldat
Der Süddeutsche l'état militaire, l'état civil.

Die Fechtstunde.

Von Schadow gezeichnet und von Buchhorn gestochen 1814. (Berliner Kupferstichkabinett.)

Plätze Hoogstraten, Wüstwezel, Lier, Heerenthals, Deure genommen. Er schloß Antwerpen ein, besetzte Brüssel und drängte später den General Maison auf Tournai zurück. Auf dem weiteren Vormarsch erlag die Festung La Fère am 28. Februar, ebenso Soissons am 2. März, schon einer kurzen Beschießung durch seine Artillerie.

Das Korps Wintzingerode hatte am 12. Januar den Rhein überschritten. Es war über Namur in Frankreich eingerückt und hatte die kleine Festung Avesnes am 9. Februar, den Brückenkopf von Soissons am 24. Februar gestürmt.

Napoleon blieb demgegenüber nicht untätig. Kaum hatte er die erneute Trennung der feindlichen Kräfte in Erfahrung gebracht, als er sich unter leichter Deckung gegen Schwarzenberg wieder mit 48000 Mann auf Blücher warf. Marmont und Mortier hatte er an sich herangezogen, nachdem diese am 5. März vergeblich versucht hatten, Soissons wieder zu nehmen. Das Vorhaben Napoleons wollte Blücher durch eigenen Angriff durchkreuzen. Bei Craonne erreichte er seinen Gegner am 7. März. Allein diesmal war die Siegesgöttin nicht mit ihm. Der Kaiser wies den kühnen Angriff blutig ab. Blücher sah sich zunächst wieder in die Verteidigung zurückgeworfen. Er gab Soissons auf und versammelte seine ganze Armee in einer ausgezeichnet ausgesuchten Stellung bei Laon. Napoleon folgte ihm auf dem Fuß. Schon am 9. März begann er mit dem umfassenden Angriff auf diese. Es war ein Verhängnis, daß gerade jetzt Blücher krank werden mußte. Er fieberte, hatte starke Augenschmerzen und fühlte sich recht unwohl. Dies blieb nicht ohne Einfluß auf den Gang der Schlacht. Es fehlte an Straffheit in der Führung. Dadurch verlief die als einheitlicher Gegenangriff gedachte Verteidigung in Einzelgefechten, in denen es den Verbündeten nicht gelang, ihre Ueberlegenheit an Zahl dem Angreifer fühlbar zu machen. Auf seinem linken Flügel hatte der Kaiser selbst den Befehl geführt, auf dem von ihm durch Wald und Sumpf getrennten rechten Flügel Marschall Marmont. Diesem stand York gegenüber. Da der Tag keine Entscheidung gebracht hatte, wollte Blücher sie in der Nacht herbeiführen. An York ergeht der Befehl, nach Eintritt der Dunkelheit zusammen mit Kleist den Feind zu überfallen. „Um 7 Uhr," so heißt es in einer Geschichte jener Tage, „begann der Anmarsch in einer Frontlinie von einer viertel Meile. In tiefer Stille gingen die preußischen Korps vor. „Gott" hieß die Parole, „Friedrich" die Losung! Sie drangen in das Dorf Athies ein, und jetzt plötzlich erklangen alle Trommeln, Hörner und Instrumente, ein Hurra nach dem andern durchscholl die Luft, und Schrecken und Verwirrung verbreitete sich im feindlichen Heere. Die ostpreußischen Füsiliere führte des Königs Bruder, Prinz Wilhelm, selbst an. An dem Hurra und dem Schlachtruf „Heurig", der sich eingebürgert hatte, erkannten sich in der Dunkelheit die Preußen; zugleich ging die Kavallerie vor und warf die feindlichen Reiter über den Haufen. Vorwärts ging es mit der ganzen Masse querfeldein immer auf die französischen Biwakfeuer los. Der Ueberfall gelang vollkommen. Es entstand ein furchtbares Durcheinander. Viele wurden im Biwak niedergehauen und gefangen. Was zu Pferde kam, eilte in wilder Flucht davon. Plötzlich erscholl der vielfach wiederholte Ruf: „Links auf der

Chaussee Artillerie!“ Mit verhängtem Zügel ging es dorthin. Die Artillerie fand sich richtig; niedergehauen wurden Fahrer und Bedeckung, und immer weiter ging die Jagd den Fliehenden nach.“ „Dieses Siegen ohne Kämpfen,“ schreibt einer, der dabei war, „war ein einziges Schauspiel. Der Sturmschritt, der in der Mitte eines jeden Bataillons geschlagen wurde, die laut tönenden Flügelhörner, das Hurrarufen und das Siegesgeschrei, dazu die Dunkelheit, die brennenden Dörfer im Hintergrund des von Wachtfeuern bedeckten Berges von Laon, der aussah, wie mit Sternen besät, alles dies hatte, verbunden mit dem Gefühl des Sieges, diesem Göttergefühl, eine Wirkung, die in Wahrheit nicht in Worte zu fassen, in Friedenszeiten nicht zu denken ist.“ Wer hatte hier diese glänzenden Erfolge errungen? Yorks und Kleists abgerissene Bataillone, die Bülow wie eine „Räuberbande“ vorgekommen waren. „Ihr alten Yorkschen seid ehrliche brave Kerls,“ rief Blücher entzückt aus, „wenn man sich auch auf euch nicht mehr verlassen könnte, da fiele der Himmel ein.“ Der rechte französische Flügel war geschlagen. Zwei Korps standen in Napoleons Rücken bereit, um mit aufgehender Sonne, im Verein mit der ganzen Armee, den noch feststehenden linken Flügel umfassend anzugreifen. Napoleons Niederlage schien zweifellos. Da trat etwas Unerwartetes ein! York und Kleist wurden wieder in die Stellung bei Laon zurückgeholt. Man muß dieses Verkennen der Gunst der Lage wohl Blüchers Krankheit zuschreiben. Napoleon konnte daher am 10. März seinen Angriff ohne Besorgnis für seinen Rücken erneuern. Allein er wurde abgewiesen. Was nun? Schnell entschlossen ging er auf Reims zurück. Er wollte die Besatzungen der Festungen an der Ostgrenze an sich heranziehen und den Volkskrieg im Rücken des Feindes entflammen, um ihn dadurch von einem Weitermarsch auf Paris abzuhalten. Noch einmal lächelte ihm das Glück. Am 13. März erfocht er seinen letzten Sieg in diesem Kriege: bei Reims zersprengte er das von Mainz nachgerückte russisch-preußische Korps St. Priest. Von dort wendet er sich gegen die obere Aube. Am 20. und 21. hat sich die Hauptarmee bei Arcis seines Angriffs zu erwehren; er wird abgewiesen, kann aber, von Schwarzenberg unbehelligt, auf St. Dizier abmarschieren.

Blücher hatte nicht vermocht, diesen Zug zu stören. Die Anstrengungen der letzten Wochen waren zu groß gewesen. Von wirksamer Verfolgung nach

Laon konnte keine Rede sein, die Armee blieb südlich der Lette stehen. Es fehlte aber auch an der treibenden Kraft des Marschall „Vorwärts“. Sein Zustand hatte sich verschlimmert. Die Augen hatten sich dermaßen entzündet, daß er sie kaum mehr öffnen konnte. So trat hier auch bei der schlesischen Armee eine Ruhepause ein. Erst am 17. März nimmt sie den Vormarsch wieder auf nach Südwesten. Am 22. März erfuhr Blücher, und zwar durch einen von einer Patrouille aufgefangenen Brief Napoleons, daß dieser sich mittlerweile wieder von Reims gegen Schwarzenberg gewendet und ihn am 20. März bei Arcis geschlagen habe. „Wie ein moralisches Zugpflaster,“ berichtet Blüchers Adjutant Nostitz, „wirkten diese Nachrichten auf Geist und Gemüt des Feldmarschalls. Er schüttelte den Druck, den die Krankheit auf seine Seele geübt hatte, mit einem Male ab.“ Die Absicht, dem geschlagenen Nachbar schleunigst zu Hilfe zu kommen, bewog ihn, sofort nach Süden loszumarschieren. Unter Belassung Bülows vor dem mittlerweile von den Franzosen wieder besetzten Soissons eilt er selbst mit seinen drei russischen Korps auf Châlons. Kleist und York werden auf Montmirail hinter Marmont und Mortier, die über Etoges zur Vereinigung mit Napoleon marschierten, hergeschickt. Erst am 24. März, bei seiner Ankunft in Châlons, erfährt Blücher, daß nicht Napoleon, sondern Schwarzenberg im zweitägigen Gefecht bei Arcis Sieger geblieben sei.

Am Tage, bevor Napoleon die Entscheidung gegen die Hauptarmee suchte, waren die nun schon über beinahe zwei Monate sich hinziehenden Besprechungen in Châtillon endgültig abgebrochen worden. Selbst die am meisten auf Frieden drängenden Teilnehmer des Kongresses verzichteten allmählich vor der mit jedem Tage sich steigernden Anmaßung Napoleons auf weitere Verhandlungen. Die Monarchen waren in Verwerfung seiner Angebote schon vorher einig, sie kamen in dem Vertrag von Chaumont am 4. März noch einmal dahin überein: Geht Napoleon auf ihre billigen Vorschläge nicht ein, so ist der Krieg mit vereinten Kräften bis zu seiner völligen Niederwerfung fortzusetzen.

Durch die Schlacht von Arcis hatte sich die Lage Napoleons sehr verschlimmert. Es schien für ihn nun nichts mehr übrig zu bleiben, als Zusammenziehung aller Kräfte vor Paris; das wäre gleichbedeutend gewesen mit Sichstellen zu einem aussichtslosen Kampf gegen eine erdrückende

Paris kapituliert am 30. März 1814.

Nach einem Gemälde von H. Diehl.

Uebermacht. Er wollte sich aber das Gesetz vom Gegner nicht vorschreiben lassen. „Ich habe mich entschlossen,“ teilte er am 22. März abends der Kaiserin mit, „mich nach der Marne zu begeben, um die feindliche Armee wieder von Paris abzuziehen und mich meinen festen Plätzen zu nähern.“ Er marschiert tatsächlich nach Osten ab. „Nicht auf Paris, sondern auf Moskau retiriere er,“ meldeten die Kosaken. Ueber die Wirkung seines Entschlusses hatte er sich aber sehr getäuscht. Schwarzenberg sandte ihm nur Kavallerie nach und setzte mit allen anderen Kräften den Marsch auf Paris fort: die Hauptarmee über La Fère Champenoise, die schlesische Armee über Etoges und Montmirail. Hierbei wurden bei ersterem Orte die Truppen Marmonts und Mortiers, die sich mit Napoleon zu vereinigen suchten, angetroffen und am 25. März auf Paris zurückgeworfen. Eine schwächere Kolonne unter dem General Pacthod, der dem Kaiser Verstärkungen zuführen wollte, geriet an demselben Tage zwischen die Haupt= und die schlesische Armee und wurde zersprengt. Schon am 28. März war Blücher mit den Korps York, Kleist und Langeron nur mehr drei Meilen von der Ostfront des schwachbefestigten Paris entfernt; die anderen russischen Korps standen noch bei Meaux. Seine Absicht, am 29. März Paris zu stürmen, mußte er sehr zu seinem Leidwesen aufgeben. Dazu sollte nämlich die Herankunft der Hauptarmee abgewartet werden. Kaiser Alexanders Ehrgeiz litt es nicht, daß Blücher zuerst in Paris einzog.

Hierdurch gewannen Marmont und Mortier Zeit, sich auf dem Mont Martre und in Belleville zu verschanzen. Ein letzter blutiger Kampf wurde nötig. Der allgemeine Angriff auf die Stadt erfolgte am 30. März: von der Hauptarmee gegen die Ostfront, von der schlesischen Armee gegen den Mont Martre. Um 3 Uhr begann er. Es kam zum Schluß noch einmal zu einem heftigen her= und hinschwankenden Gefecht. Bei der Hauptarmee drohte es sogar eine bedenkliche Wendung zu nehmen. Nur durch Ein= setzen der preußischen Garden gelang es, den Gegenangriff der Verteidiger abzuweisen. Während die Franzosen auf der Ostfront langsam auf die Stadttore zurückgedrängt wurden, machte die schlesische Armee auch in ihrem Abschnitt der verzweifelten Gegenwehr des Feindes ein Ende. Als ihr linker Flügel unter Prinz Wilhelm von Preußen in die Vorstadt La Villette einge= drungen war, setzte sich Blücher zu Pferde, um den weiteren Angriff persönlich zu leiten. Er mußte ihn indessen auf die Mitteilung, daß die Franzosen eine Waffenruhe zur Räumung ihrer Stellung bewilligt erhalten hatten, einstellen. Langeron, der über St. Denis vorgegangen war, traf der Befehl zum Halten erst, als er den Mont Martre schon genommen hatte.

Einzug der Verbündeten in Paris am 31. März 1814.

Paris lag wehrlos zu Füßen der Verbündeten. Das Geschick war doch grausam! Es vergönnte Blücher nicht, jetzt, als er das große Ziel, was er sich gesteckt, endlich erreicht hatte, von den Höhen, die seine siegreiche Armee genommen, auf des Besiegten Hauptstadt herabzublicken. Er konnte kaum noch etwas sehen. Sein Augenleiden hatte sich durch die Ereignisse des Tages wieder so verschlimmert, daß er schleunigst in sein Quartier zurückkehren mußte. In seinen Schmerzen soll der alte ritterliche Held seiner Königin, der das Unglück des Vaterlandes das Herz gebrochen hatte, mit den Worten gedacht haben: „Sie ist gerächt!“

Die Bitte um Waffenruhe war von Josef Bonaparte, der für seinen Bruder die Regierung in Paris führte, ausgegangen; sie wurde bewilligt. Am nächsten Tag früh 7 Uhr mußten die französischen Truppen Paris geräumt haben. Am 31. März 1814, um 10 Uhr vormittags, hielten der russische Kaiser

Napoleon in Fontainebleau.
Gemälde von P. Delaroche.
Aus dem Corpus imaginum der Photogr. Gesellschaft, Berlin.

und der preußische König mit Schwarzenberg an der Spitze der Garden ihren feierlichen Einzug in die Hauptstadt des Feindes. Die schlesische Armee, der dies zu verdanken war, durfte Paris nicht betreten; sie sah dazu nicht parademäßig genug aus!

Was war mittlerweile aus dem Zuge Napoleons geworden? Am 27. März in Vitry hatte er erst erkannt, daß seine Absicht mißlungen, die Verbündeten unbekümmert um ihn ihren Vormarsch mit allem auf Paris fortsetzten. Sofort machte er kehrt und führte seine Armee, immer noch an die 40000 Mann, in Gewaltmärschen über Brienne, Troyes auf Paris. Am 30. März abends, bei seiner Ankunft in Juvisy, erfährt er, daß er zu spät gekommen, Paris in Feindes Hand sei. Darauf sendet er seinen Vertrauten Caulaincourt ins gegnerische Hauptquartier; hat er den Feldzug verloren, will er wenigstens seine Krone retten. Vergebens! Kaiser Alexander erklärt im Namen der verbündeten Herrscher, nicht mehr mit Napoleon verhandeln zu wollen. Nun plante der Korse einen letzten Angriff. Allein jetzt versagen seine Marschälle. Sie halten mit Recht ein solches Unternehmen für völlig aussichtslos.

Es muß furchtbar für einen Charakter wie Napoleon gewesen sein, sich endlich selbst eingestehen zu müssen, daß er besiegt sei und seinen Feinden wehr- und waffenlos gegenüberstehe.

Die Verhandlungen, die er jetzt von Fontainebleau aus einleitete, um wenigstens seinem Sohn, dem Enkel des Kaisers von Oesterreich, dem „König von Rom", den Thron zu erhalten, brachten ihm auch nicht den erhofften Erfolg. Am 6. April erklärte er schließlich, zur Abdankung bereit zu sein. Am 11. April unterschrieb er die Urkunde, durch die er für sich und seine Familie dem Thron von Frankreich entsagte. Blücher hätte ihn am liebsten erschießen lassen. Die Monarchen waren großmütig; sie gaben ihm die Insel Elba als Fürstentum mit 2000000 Franken Einkünften aus Frankreich, 800 seiner alten Soldaten durften ihn dorthin begleiten. Seine Gemahlin, die bei der Annäherung der Verbündeten sich nach Blois begeben hatte, wurde Herzogin von Parma. Den kaiserlichen Titel behielten beide. Den Thron Frankreichs bestieg der Bruder des Ludwig, dessen Haupt am 21. Januar 1793 unter der Guillotine gefallen war, als Ludwig XVIII. Am 30. Mai schon wurde in Paris mit Frankreich der Friede geschlossen. Aber welch ein Friede! Frankreich verlor nicht einen Zoll breit Landes. Man bewilligte ihm sogar noch die Grenzen von 1792. Straßburg, Landau und Saarbrücken blieben französisch. Nicht einmal eine Kriegsentschädigung legte man dem Lande auf, das doch durch seine ganze Haltung mitschuldig war an dem namenlosen Elend, das sein Herrscher über ganz Europa gebracht hatte.

Die preußische Armee hatte einen ganz anderen Erfolg ihrer Anstrengungen erwartet. „Mit Ruhm gekrönt steht Preußen vor Mit- und

Nachwelt da," konnte der König mit stolzer Berechtigung sagen. Allein berechtigt war auch, was Gneisenau in seinem Ingrimm nach Hause schrieb: „Wir sind mit leeren Händen wieder abgezogen, man wollte die Franzosen gewinnen. Törichte Hoffnungen! Ihren Spott haben wir wohl gewonnen, aber nicht ihre Dankbarkeit." Während die Generale die Heere aus Frankreich zurückführten, begaben sich die Diplomaten nach Wien, um dort endgültig über die Neuabgrenzung der einzelnen Staaten zu verhandeln. Reiche Ehrungen wurden den Männern vom Schwert zuteil. Blücher zog als Fürst von Wahlstatt wieder in die Heimat ein. York, Kleist und Bülow führten von jetzt ab mit der Erhebung in den Grafenstand den Beinamen von Wartenburg, von Nollendorf, von Dennewitz.

Ligny

Ende September 1814 begannen die Beratungen der zum Wiener Kongreß zusammengetretenen Staatsmänner. Zur Teilnahme war auch Frankreich aufgefordert worden. Es sandte den verschlagenen Grafen Talleyrand, der in napoleonischer Schule groß geworden war, als seinen Vertreter dorthin.

So uneinig sonst die Mächte waren, in einem waren sie wunderbar einig: Preußen dürfe keinen zu großen Machtzuwachs erhalten. Nun man seiner militärischen Kraft entraten zu können glaubte, nahm man auf seine Interessen keine Rücksicht mehr. Eine Entschädigung für all seine Aufwendungen wollte man ihm zwar nicht versagen. Allein wo die Gebiete dafür zu finden seien, und wie groß sie sein sollten, darüber dachte Rußland anders wie Oesterreich, England wieder anders wie die Festlandsmächte. Rußland wies Preußen auf Sachsen hin, dessen König bis zum Schluß Napoleon treu geblieben sei, es müsse dann aber auf polnische Landesteile verzichten. Preußen wollte und konnte dies nicht, da sie Schlesien und Westpreußen miteinander verbanden. Oesterreich wünschte Preußen im Westen zu entschädigen. England wünschte, keine Festlandsmacht zu stark werden zu lassen, neigte sich aber noch am ehesten dem österreichischen Standpunkt zu. Die Meinungsverschiedenheiten wurden mit großem Geschick durch Talleyrand geschürt und verschärften sich so, daß der Friedenskongreß in einen Krieg Englands und Oesterreichs mit Preußen und Rußland auszulaufen drohte. Das konnte Frankreich nur nützlich sein. Es trat daher am 3. Januar 1815 in einem förmlichen Bündnisvertrag auf seiten der Gegner Preußens. Rußland versammelte bereits Truppen in Polen. In Berlin beriet man einen Feldzugsplan gegen die neue Koalition. Das wäre dann der größte Triumph für Frankreich gewesen, dessen König bei den Friedensverhandlungen in Paris sich nicht entblödet hatte zu äußern, er zahle eher

300 Millionen zum Kriege gegen Preußen, als 100 Millionen zu einer Kriegsentschädigung für dieses. Allein Talleyrand sollte zu früh triumphiert haben: „Die Koalition ist aufgelöst, sie ist es für immer“, denn Kaiser Alexander brachte am 25. Februar eine Einigung zustande. Preußen verzichtete auf einen Teil seiner polnischen Besitzungen mit Warschau. Zurück erhielt es die Gebiete, die es vor 1806 in Mittel- und Westdeutschland besessen hatte, mit Ausnahme von Ansbach, Bayreuth, Ostfriesland, Goslar und Hildesheim. Als Gebietszuwachs bekam es die Hälfte von Sachsen, die Rheinlande mit Köln, Trier, Jülich und Berg; ferner das bisher schwedische Vorpommern.

Durch die Trennung in eine größere östliche und eine kleinere westliche Hälfte, durch das zum Königreich erhobene und vergrößerte Hannover, entstand ein nicht sehr glückliches Staatengebilde. Allein diese Länderverteilung schlug doch zum Heile Preußens und Deutschlands aus. Preußen war vor 1806 ein Drittel slawisch gewesen, nun trug es ein fast rein deutsches Gepräge. Durch seine Besitzungen im Westen erwuchs dem stärksten reindeutschen Staate nun die Pflicht der Wacht am Rhein und der Mosel. Jeder Angriff stieß hier von jetzt ab sofort auf eine Großmacht und nicht mehr auf ein Mosaik militärisch kaum zusammenzufassender kleiner und kleinster Staaten. Preußen wurde nach Oesterreich der stärkste Staat im neuen deutschen Bunde. Daran konnte auch nichts ändern, daß Bayern, Württemberg und Sachsen Königreiche blieben.

Erneut drohte Zwist über die weitere Gestaltung des Bundes auszubrechen, der die Gesamtheit aller deutschen Staaten umfassen sollte. Da schlug wie ein Blitz mitten unter die sich zankenden Diplomaten die Nachricht ein: Napoleon hat Elba verlassen, ist bei Cannes gelandet, hat den Weg auf Paris eingeschlagen, alles jubelt ihm zu, die gegen ihn gesendeten Truppen gehen zu ihm über, der französische König ist nach den Niederlanden geflohen!

Am 20. März hatte Napoleon tatsächlich wie ein Sieger seinen Einzug in Paris gehalten. Die Soldaten bekamen damit wieder das Wort. „Dies ist das größte Glück, was Preußen begegnen konnte,“ rief Blücher aus, „man fängt den Krieg von neuem an, und die Armee wird alle in Wien begangenen Fehler wieder gutmachen.“ Die gemeinsame Gefahr einigte sofort wieder alle Mächte. Am 13. März schlossen die in Wien vertretenen Großstaaten ein

Der Kongreß zu Wien.
Sitzung der Bevollmächtigten.
Gemälde von J. Isabey.

Bündnis und erklärten Napoleon als Feind und Störer der Ruhe der Welt in die Acht. Am 23. befahl der König von Preußen die Mobilmachung der Armee und ihre Versammlung in Belgien. Blücher wurde wieder der Oberbefehl übertragen, Gneisenau ihm wieder als Chef des Stabes zugeteilt.

Arthur Wellesley, Herzog von Wellington, Fürst von Waterloo, im späteren Lebensalter.

Aus dem Corpus imaginum der Photogr. Gesellschaft, Berlin.

Auch England beteiligte sich am Landkriege und sandte Truppen dahin unter Wellington, dem Ueberwinder der Franzosen in Spanien. Unter seinen Befehl traten die niederländische Armee, 24000 Mann, dann 36000 Mann Deutsche, Hannoveraner, Braunschweiger, Nassauer und die deutsche Legion. Der Umstand, daß die preußischen Korps auf dem Rückmarsch erst die Rhein=gegenden erreicht hatten, begünstigte eine schnelle Zusammenschiebung der Kräfte in Belgien, bedeutete aber auch eine Erschwerung der Mobilmachung, da die Ergänzungsmannschaften weite Wege zu machen hatten. Während die Oesterreicher und Russen, die auch wieder Front gemacht hatten, sich erst wieder langsam dem Mittel= und Oberrhein näherten, war Blücher Mitte Juni schon mit 132000 Mann, mit vier Armeekorps unter Ziethen, Pirch, Bülow und Thielmann an der Maas in der Gegend von Charleroi, Namur, Huy und Lüttich angekommen. 14000 Sachsen waren ihm zugeteilt. Am 1. Mai war die Weisung von Berlin eingetroffen, die Mannschaften, soweit sie aus den jetzt an Preußen gefallenen sächsischen Landesteilen stammten, in preußische Regimenter einzureihen. Im Widerstand gegen diese Maßregel kam es zu einer Meuterei. Blücher selbst wurde in seinem Hauptquartier von dem sächsischen Grenadierregiment bedroht. Da half nur blutige Strenge. Eine Reihe von Rädelsführern wurde kriegsgerichtlich erschossen. „Die Verbrecher," berichtete der Feldmarschall an den König von Sachsen, „haben Bonaparte als ihren Beschützer ganz öffentlich proklamiert und mich, der ich in einer 55jährigen Dienstzeit in der glücklichen Lage gewesen bin, nur das Blut meiner Feinde zu vergießen, genötigt, zum ersten Male Hinrichtungen in meiner eigenen Armee vorzunehmen." Alle sächsischen Truppen wurden als unzuverlässig nach dem Rhein zurückgeschickt.

Napoleon hatte nicht gezögert, den durch die Achterklärung ihm hingeworfenen Fehdehandschuh aufzuheben. Seine Antwort war: Angriff. Obwohl die Franzosen, wie leicht erklärlich, einem neuen Kriege sehr abhold waren, so hielt ihn das doch nicht ab, die ganze Jahresklasse von 1815 unter die Waffen zu rufen. Die Gegend zwischen Sambre und Maas hatte er sich zum Vorbrechen gegen die in den Niederlanden sich sammelnden preußisch=englischen Kräfte ausgesucht. Am 14. Juni harrten dort 122000 Mann des Befehls zum Vormarsch; meist alles langgediente, für den Krieg begeisterte Leute. Es war vielleicht das beste Heer, das Napoleon je geführt hat. An demselben Tage war die Gruppierung seiner Gegner die folgende: von den Preußen stand zunächst der Grenze bei Charleroi Ziethen, die drei anderen Korps waren im Anmarsch, am weitesten zurück war noch Bülow in der Gegend von Lüttich. Blücher rechnete, ganz im Gegensatz zu Wellington, mit einem baldigen Vorgehen der Franzosen. Er wußte genau, wessen er sich von Napoleon zu gewärtigen hatte. Von den Truppen Wellingtons standen die englischen Regimenter bei Brüssel, alles übrige, in einer breiten Front auseinandergezogen, von Oudenarde an der Schelde bis Nivelles. Voll Vertrauen sah man dem Kampfe entgegen; zumal unter den preußischen Truppen herrschte eine durch die Erbitterung über die neue Störung des Friedens genährte große Kampfeslust. „Ich getraue mir,“ meinte Blücher, „mit meinen Preußen Tunis, Tripolis und Algier zu erobern, wenn es nur nicht so weit wäre und man nicht übers Wasser müßte.“ „Seien Sie versichert,“ schrieb er an den Staatskanzler Hardenberg, „daß die Franzosen wieder nach alter Art ausgehauen werden. In unseren Truppen herrscht ein Mut, der zur Kühnheit übergeht.“ Diesem Geist hatte es keinen Eintrag getan, daß die Regimenter nicht mehr in der alten Zusammensetzung, in der sie 1813 und 14 gefochten hatten, in den Krieg zogen. Die Mobilmachung hatte sie nämlich infolge eines neuen Wehrgesetzes, das der Vergrößerung des Staatsgebietes Rechnung trug, in der Umformung getroffen. Neue Regimenter waren aufgestellt worden. Fast die Hälfte der Infanterie und Kavallerie bestanden aus Landwehren, die teilweise nur oberflächlich ausgebildet waren.

Die Truppen Wellingtons waren von sehr verschiedenem Wert. Neben den englischen Regimentern, die sich schon in Spanien bewährt hatten, waren die deutschen Truppen die besten; der Gefechtswert der eben erst aufgestellten Armee des neu errichteten Königreichs der Niederlande war nicht sehr groß.

Der 15. Juni brachte die Eröffnung der Feindseligkeiten, und zwar, wie Blücher vorhergesagt, durch Napoleon. An diesem Tage, 9 Uhr früh, meldete Ziethen, daß der Feind auf beiden Ufern der Sambre vorgehe. Sehr bald kam die weitere Meldung, er gehe, von der Uebermacht gedrängt, auf Fleurus zurück. Man erkannte sehr bald, daß Napoleon in zwei, je zwei Armeekorps starken Kolonnen auf Fleurus und auf Quatrebras vormarschiere. Er selbst schien mit seiner Garde dahinter zu folgen. Blücher beschloß, seine ganze Armee am 16. auf den Höhen bei Sombreffe, nordöstlich von Fleurus, zu versammeln. An eine Vereinigung mit Wellington vor dem Kampf dachte er nicht. Wem Napoleon seinen ersten Schlag zugedacht hatte, konnte er noch nicht erkennen. Galt er den Preußen, so hoffte Blücher ihm hier standzuhalten, bis Wellington eingriff. Galt er den Engländern, so wollte er hinwider in des Gegners Flanke stoßen und so seinem Waffengefährten am wirksamsten zu Hilfe kommen. Der Tag verlief in der Weise, daß Ziethen vor der rechten französischen Kolonne unter Grouchy bis in die Gegend von St. Amand zurückging. Der Feind folgte hier nicht über Fleurus. Ney war mit der linken Kolonne bei Frasnes auf die hier stehenden Nassauer gestoßen, hatte sie geworfen, war aber über den Ort selbst nicht hinausgefolgt. Mit der Versammlung der preußischen Kräfte war es nicht so rasch gegangen, wie Blücher annahm. Bülow hatte den Befehl verspätet erhalten und meldete, daß er mit seinem Korps erst am 16. früh von Lüttich aufbreche. Er war also noch 60 Kilometer von Sombreffe entfernt. Dennoch beschloß Blücher, einen Angriff der Franzosen anzunehmen und stellte sich dazu am 16. früh hinter dem Lignebach, etwas rückwärts Sombreffe, bereit. Zu diesem Entschluß veranlaßte ihn vor allem die Zusage Wellingtons, er werde zu seiner Unterstützung herbeieilen. Dieser hatte zunächst den am 15. nachmittags in seinem Hauptquartier Brüssel eintreffenden Nachrichten von dem Vormarsch der Franzosen gegen die Preußen keine besondere Bedeutung beigelegt. Wenn er auch einige Maßnahmen zur Zusammenziehung seiner Kräfte der ersten Linie traf, so hielt er doch seine Anwesenheit dort noch nicht für erforderlich. Er besuchte den Ball der Herzogin von Richmond mit dem Prinzen von Oranien, dessen Truppen am Feinde standen. In seiner Ansicht, daß erst am 17. mit einem Zusammenstoß der Hauptkräfte zu rechnen sei, wurde er aber doch durch die in der Nacht eingetroffenen weiteren Nachrichten, daß auch seine Vortruppen angegriffen und geworfen worden seien, wankend gemacht. Er setzt sofort die Engländer nach Süden, nach Waterloo in Marsch, die übrigen Truppen zieht er bei Quatrebras und Nivelles zusammen. Selbst eilt er nach Quatrebras; gleichzeitig teilt er Blücher schriftlich die Verschiebung seiner Kräfte mit. Dies bestärkte den preußischen General erst recht in seinem Vorsatz, bei Sombreffe standzuhalten. Noch mehr geschah dies, als Wellington persönlich bei ihm an der Windmühle von Brye eintraf und seine Zusage, wenn nötig, Hilfe zu bringen, wiederholte.

Der Angriff Napoleons ließ nicht lange auf sich warten. Um 2 Uhr, bei großer Hitze beginnt er. Alles, mit Ausnahme eines Korps, führt der Kaiser gegen Front und rechte Flanke der preußischen Stellung vor. Nur ein Korps hatte er Ney belassen. Auch dieser sollte vorgehen und durch einen rücksichtslosen Angriff die Engländer verhindern, in seinen Kampf mit den Preußen einzugreifen, Blücher zu Hülfe zu kommen.

Wellington sah noch die erste Entwicklung, er eilt zu seiner Armee zurück, um sie in die linke Flanke Napoleons vorzuführen. Alles schien auf das beste eingeleitet. Der französische Angriff traf zunächst die hinter

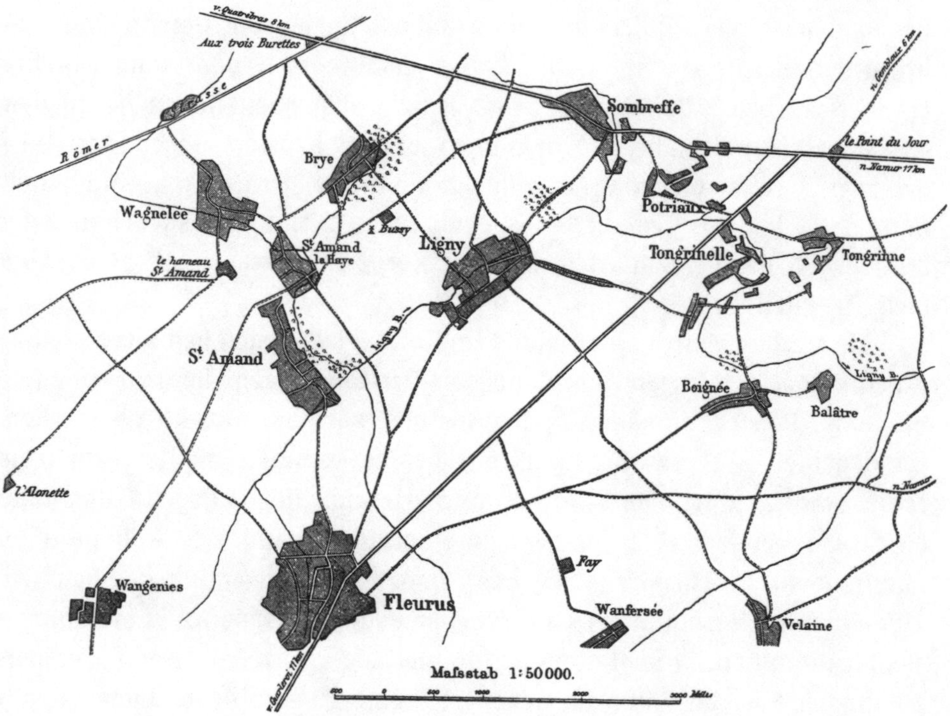

Skizze zur Schlacht bei Ligny am 6. Juni 1815.

dem unbedeutenden Lignebach in der Linie St. Amand=Ligny und Brye stehenden Regimenter Ziethens. Leider hatte dieser den Vormittag nicht ausgenutzt, um die Ortschaften zur Verteidigung einzurichten. St. Amand war das erste Ziel des feindlichen Angriffs. Sehr bald wurde die Besatzung trotz tapferster Gegenwehr herausgedrängt. Alle Versuche, es wiederzunehmen, scheiterten unter gewaltigen Verlusten. Noch ehe St. Amand gefallen war, wurde auch schon mit gewaltigen Massen auf Ligny, ein großes, massives, zu beiden Seiten des Baches gelegenes Dorf, vorgegangen. „Hier nun begann ein Kampf, der zu den hartnäckigsten gehört, die je gekämpft worden sind," schreibt ein Augenzeuge. „Sonst werden Dörfer genommen und wieder genommen. Hier aber dauerte das Gefecht fünf Stunden lang im Dorf selbst und bewegte sich nur durch geringe Räume vor= oder rückwärts. Unaufhörlich rückten von beiden Seiten frische Truppen ins Gefecht. Jeder hatte hinter derjenigen Abteilung des Dorfes, die von ihm besetzt war, große Massen Infanterie aufgestellt, die das Gefecht ununter=brochen nährten und ihrerseits wieder unaufhörlich von rückwärts her ergänzt wurden. Von diesseits und jenseits liegenden Höhen herab war das Feuer von beinahe 200 Geschützen beider Armeen gegen das Dorf gerichtet, das an vielen Orten zugleich in Brand geraten war. Nach und nach hatte sich das Gefecht längs der ganzen Stellung ausgedehnt, denn auch gegen das bei Sombreffe stehende Korps Thielemann hatte der Feind viele Truppen entwickelt."

Ein Versuch, durch einen von dem Korps Pirch gegen den linken feind=lichen Flügel gerichteten Angriffsstoß die Verteidiger von Ligny zu entlasten, mißlang. Von der Annäherung Wellingtons war noch nichts zu bemerken. Im Gegenteil, aus der Richtung, aus der er kommen mußte, gegen die rechte Flanke, schien Feind im Anmarsch zu sein. Allein gegen 5 Uhr stand die Schlacht doch so, daß Blücher den Eindruck gewann, das Schlimmste sei überstanden. Das Artilleriefeuer des Feindes hatte wesentlich nachgelassen. Ligny war mit Ausnahme des am Südende liegenden Schlosses in preußischen Besitz gekommen, in St. Amand vermochten die Franzosen keine Fortschritte zu machen, die im Anmarsch gegen die rechte Flanke beobachteten feind=lichen Abteilungen waren verschwunden. Allein das war nur die Ruhe vor dem Sturm. Während starke Regengüsse plötzlich niedergingen, verstärkte Napoleon, dessen feste Hand jetzt fühlbar wurde, seine Artillerielinie, die ein geradezu vernichtendes Feuer auf Ligny eröffnete. Unter dessen Schutz wirft der Kaiser neue frische Infanterie, zum größten Teil alte Garde, seine vorzüglichsten Truppen, nach Ligny hinein, während 12 Bataillone junger Garde von Vandamme gegen St. Amand vorgeführt werden. Diese wurden zwar abgewiesen, allein Ligny ging dauernd verloren. Zu Blüchers Füßen hatte ein verzweifeltes Ringen um den in einen Glutofen verwandelten Ort begonnen. Fürchterlich ist das, was sich in ihm abspielt. Von Kugeln

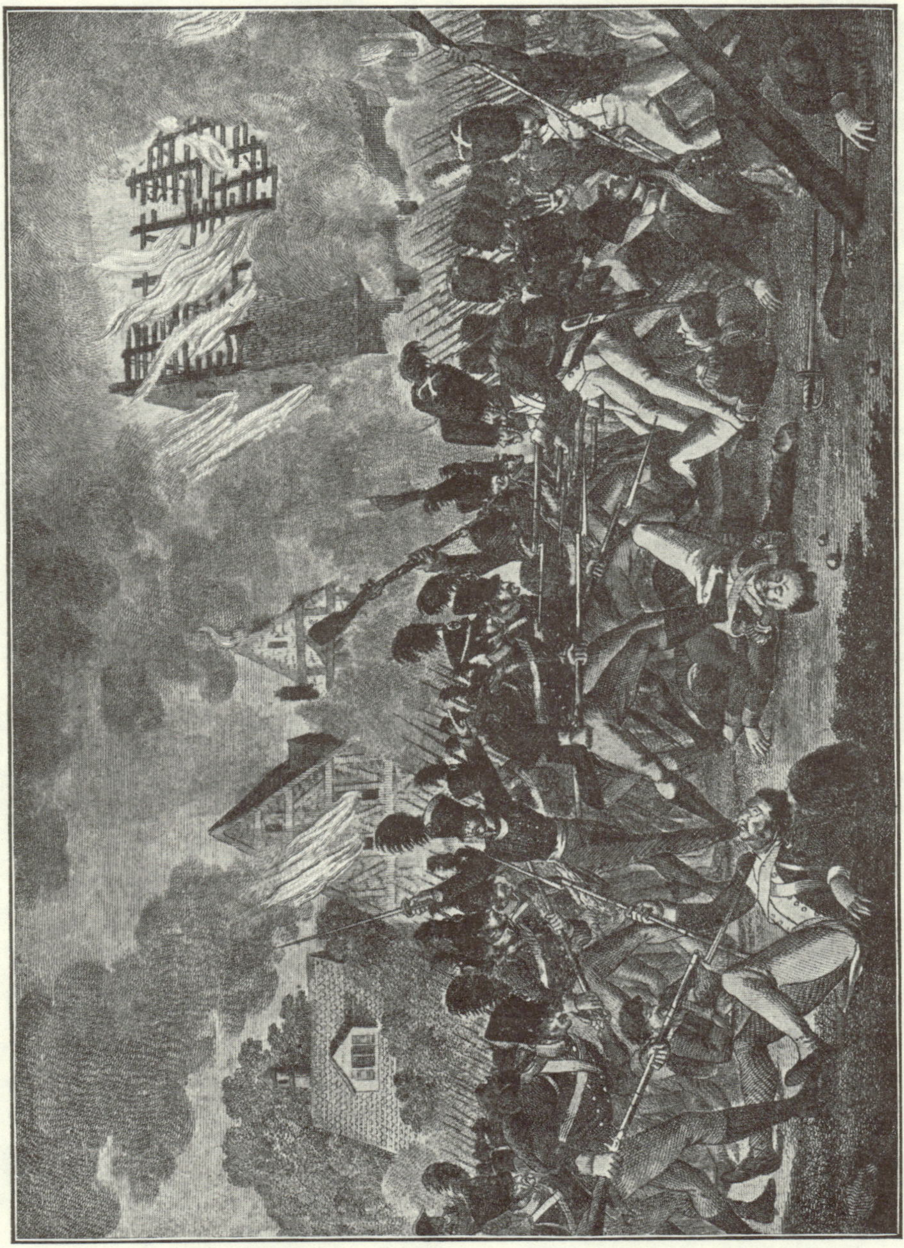

(Jostsche Sammlungen in Leipzig.)

Der Kampf im Dorfe Ligny.

Stich von G. Böttcher, 1816.

durchlöcherte Häuser stürzen zusammen und begraben die Kämpfenden unter ihren Trümmern. Schwerverwundete kommen in den Flammen hilflos um. Ueber Barrikaden und Haufen von Sterbenden bahnen sich die Stürmenden den Weg. Ihre Wut kennt keine Grenzen mehr. Alles wird erbarmungslos niedergestochen. Es war schon finster geworden, als der Feind, selbst aufs äußerste erschöpft, von seinem Angriff abließ. Die Linie Brye=Sombreffe hielten die Preußen. Als die Franzosen aus Ligny nachdrängten, hatte Blücher noch einmal versucht, das Geschick zu wenden: er war im Galopp zu den nördlich des Dorfes verdeckt bereitstehenden Reitermassen geeilt und hatte sie, persönlich an der Spitze des 6. Ulanenregiments, vorgeführt. Allein sie wurden geworfen. Auch der Feind hatte seine Kavallerie vorsorglich zur Stelle. Das Pferd des Feldmarschalls, sein Lieblingspferd, ein englischer Schimmel, wurde von einer Kugel getroffen und stürzte, seinen unerschrockenen Reiter zu Boden werfend. „Der Adjutant, Major Graf Nostitz, der ihn begleitet hatte, sprang sogleich vom Pferde, um seinem Feldherrn aufzuhelfen," schreibt ein Mitkämpfer, „als die feindliche Kavallerie der unserigen im Siegesrausche nachstürzte, aber ebenso schnell wieder geworfen wurde. All dieses Hin= und Herjagen ging nun neben Blücher vorbei, als Nostitz noch mit ihm beschäftigt war. Zum Glück wurden beide nicht erkannt, auch nicht weiter bemerkt, wozu ihr schlichter Anzug, im einfachen Uniformrock und in gewöhnlicher Dienstmütze, bei der Schnelligkeit, womit sich alles zutrug, nicht wenig beigetragen haben mag. Major von dem Busche besorgte Blücher ein frisches Pferd."

Mit den zur Stelle befindlichen drei Armeekorps hatte Blücher dem napoleonischen Ansturm nicht dauernd standzuhalten vermocht. Seine Armee hatte so gewaltige Verluste erlitten (12000 Mann und 20 Geschütze), daß man nicht daran denken konnte, am folgenden Morgen den zu erwartenden neuen Angriff Napoleons anzunehmen. Es wurde daher in der Nacht der Rückzug angetreten. Aber wohin in der Finsternis? Hier war es Gneisenau, der den für den glücklichen Ausgang des Feldzugs entscheidenden Befehl gab: nicht nach Nordosten, wo man hergekommen und wohin zurückzugehen das Natürliche gewesen wäre, sondern auf Tilly wurde abmarschiert, das hieß: heran an die englische Armee. So war man bereit und in der Lage, wenn nun Napoleon, wie mit Sicherheit anzunehmen war, nach Blüchers Niederlage sich gegen Wellington wendete, mit allen Kräften diesem beizustehen. Dem König konnte daher mit Recht gemeldet werden, „daß ungeachtet des nicht glücklichen Ausgangs der gestrigen Schlacht die allgemeinen Verhältnisse nicht nachteilig ständen, und daß

Feldmarschall August Neithard von Gneisenau.
Gemälde von Gebauer. (Hohenzollernmuseum.)
Aus dem Corpus imaginum der Photogr. Gesellschaft, Berlin.

Bonaparte durch diesen Sieg wenig gewonnen habe“. Als am Morgen des 17. Juni Wellington Blücher sagen ließ, er sei gesonnen, bei Waterloo den Angriff Napoleons anzunehmen, wurde ihm erwidert, morgen sei die Armee wieder kampfbereit.

An diesem Tage lagerte das preußische Heer bei Quatrebras, zwar geschlagen, aber mit der Empfindung, nur durch die Uebermacht des Gegners zum Weichen gebracht worden zu sein.

Zur gleichen Zeit wie Napoleon war auch Ney zum Angriff vorgegangen. Quatrebras wird genommen; zur Hilfe eilen die Braunschweiger herbei, sie vermögen das Dorf nicht wiederzunehmen, ihr Herzog Friedrich fällt. Ney setzt neue Kräfte ein. Aber auch englische Verstärkungen entwickeln sich. Die Dunkelheit erst machte dem Gefecht ein Ende, in dem schließlich 32000 Engländer gegen 19000 Franzosen standen. Seinen Gegner zu schlagen, ist Ney nicht gelungen, aber er hat doch einen großen Erfolg davongetragen, er hat ihn verhindert, den Preußen zu Hilfe zu kommen.

La Belle Alliance

Die englische Armee war auf die Nachricht von dem Ausgang der Schlacht bei Ligny nach Norden in eine Stellung bei Mont St. Jean zurückmarschiert. Wellington ließ Blücher sagen, dort gedenke er dem Feinde standzuhalten, bitte aber um Unterstützung. Dieser schrieb in der Nacht noch zurück, er werde mit drei Armeekorps über Wawre und Chapelle St. Lambert zu Hilfe kommen und dem Feind in die Flanke fallen. Wellingtons Heer, 69000 Mann stark, stand am 18. Juni vormittags südlich von Waterloo, wo sich sein Hauptquartier befand, an einer Hügelwelle, die sich von Westen nach Osten, von Braine l'Alleud über Mont St. Jean hinzieht und von der großen von Brüssel nach Charleroi führenden Straße senkrecht durchschnitten wird. Die Stellung war dadurch sehr vorteilhaft, daß die Truppen gedeckte Aufstellungen fanden und so von weither ihre Verteilung und Stärke nicht zu erkennen war. Vor ihr lagen ferner einige Gehöfte, Hougomont, La Haye Sainte, Papelotte und La Haye, die Stützpunkte für die Verteidigung abgaben. Der Aufmarsch der französischen Armee mit ihren 73000 Mann verzögerte sich durch die grundlosen Wege dermaßen, daß es 1/2 1 Uhr wurde, ehe der Angriff beginnen konnte. Um die Preußen glaubte Napoleon sich weiter nicht bekümmern zu sollen, er hatte ihnen Marschall Grouchy mit 33000 Mann folgen lassen. Siegesgewiß zog Napoleon in den Kampf. „Die Schlacht wird Frankreich erretten," schrieb er, ehe er sich am Morgen des 18. Juni zu Pferde setzte, an seinen Bruder Jerôme, „und in den Annalen der Geschichte berühmt sein."

Berühmt wurde die Schlacht allerdings, aber anders, wie der Korse es sich gedacht hatte, er hatte sich in Blücher verrechnet. Diesem war's vom Schicksal beschieden, ihm den Todesstoß zu versetzen. Das Geschick wollte gewissermaßen den greisen Feldherrn für alle die Widerwärtigkeiten und

Unglücksschläge und Enttäuschungen, die es ihm bisher bereitet, gründlich entschädigen, ihn dafür belohnen, daß er nie den Mut verloren hatte. Er verfügte folgendermaßen über seine Truppen. Ein Korps ließ er bei Wawre, Grouchy gegenüber, stehen. Es sollte sich, wenn angegriffen, verteidigen. Ziethen setzt er auf Ohain in Marsch, um den linken Flügel der Engländer unmittelbar zu verlängern. Die beiden anderen Korps gehen auf St. Lambert, wo man auf die rechte Flanke Napoleons zu treffen rechnen konnte. Die

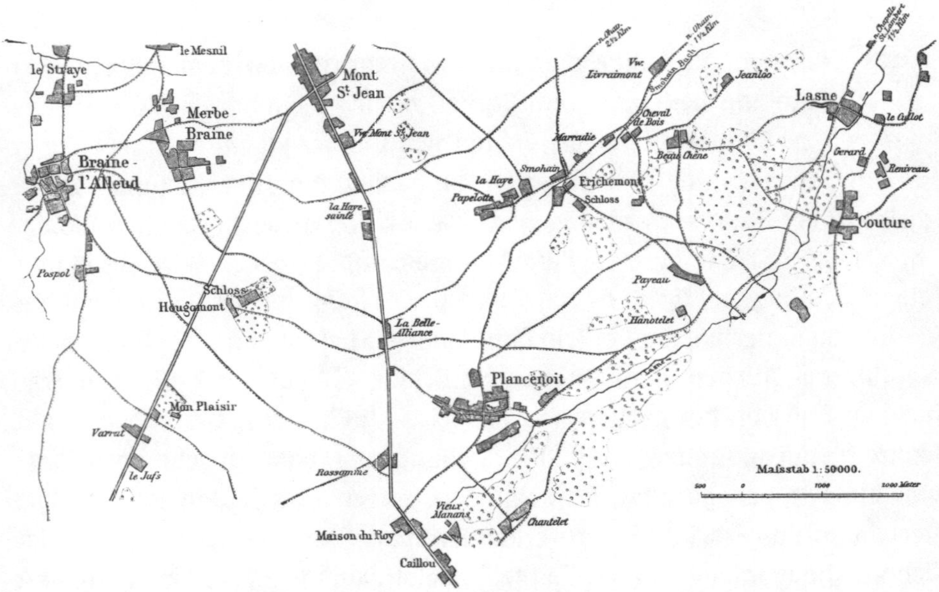

Skizze zur Schlacht von La Belle Alliance am 18. Juni 1815.

aufgeweichten Wege verzögerten auch hier den Marsch der Truppen, zu denen immer mächtiger anschwellender Kanonendonner seit der Mittagsstunde herüberschallte. Blücher setzte sich trotz seiner starken Schmerzen zu Pferde und mit den Worten: „Ich freue mich über meinen Alliierten von der Katzbach“ – es regnete in Strömen – ritt er der Entscheidung entgegen. Beim Abreiten hatte er die Nachricht von seinem Anmarsch an die Engländer geschickt: „Er stelle sich, so krank er auch sei, an die Spitze seiner Truppen, um den rechten Flügel des Feindes anzugreifen.“ Bei dem Vormarsch kamen Meldungen über die Vorgänge bei Wellington. Sie ließen erkennen, daß so schnell wie möglich Hilfe gebracht werden mußte, sollten die Engländer den immer wiederholten und immer heftiger werdenden Angriffsstößen nicht vorzeitig erliegen. Die preußischen Truppen hatten eine fürchterliche Nacht hinter sich. Biwaks bei strömendem Regen auf unergründlichem Boden, ungenügende Verpflegung, und nun hieß es, schleunigst vorwärts auf den schrecklich ausgefahrenen Feldwegen, und immer noch strömte es vom Himmel herab. Wenn sie zu erlahmen drohten, brachte Blüchers

Das Eingreifen der Preußen bei Belle Alliance.
Im Hintergrund der Wald von St. Lambert.
Bilderbogen von Campe, Nürnberg.

„Vorwärts!“ sie wieder in Gang. „Es heißt wohl, es gehe nicht, aber es muß gehen,“ so rief er in die Truppen hinein: „Ich habe es ja meinem Bruder Wellington versprochen, ihr wollt doch nicht, daß ich wortbrüchig werde,“ und weiter ging's. Es war so 3 Uhr geworden, ehe die Spitze der Marschkolonne Bülows den Westrand des Waldes erreichte, der ihren Anmarsch verdeckt hatte. Allein erst 1½ Stunden später, um 4½ Uhr, waren die Truppen aufmarschiert, und während all der Zeit mußte man sehen, wie der Widerstand der Engländer immer mehr zu erlahmen begann. Als es nun Blücher schien, als ob ein Teil der englischen Artillerie das Feuer eingestellt habe, befahl er, ohne das Herankommen weiterer Kräfte abzuwarten, das Vorgehen in Richtung auf Plancenoit. „Es war ein schönes Schauspiel,“ so heißt es in einem Briefe Gneisenaus, „wie unsere viereckigen Bataillonsmassen die terrassenförmigen Anhöhen herunterstiegen, vorangegangen von ihren Batterien und ihren Tirailleurs.“

Anscheinend war die Annäherung der Preußen gegen seine rechte Flanke von dem Kaiser lange Zeit unbemerkt geblieben (er soll sie für das Korps Grouchy gehalten haben!). Nun erkannte Napoleon mit einem Male die Gefahr, die ihm durch Blücher drohte; denn daß er diesen vor sich habe, war ihm keinen Augenblick mehr zweifelhaft. Sofort warf er ihm starke Infanterie entgegen, während er gleichzeitig seine Stöße gegen Wellington verdoppelte. Es kam zum erbittertsten Kampf, aber endlich gelingt es Bülow, in Plancenoit einzudringen. Da sandte Napoleon acht Bataillone der jungen Garde. Sie nehmen das Gehöft, jedoch nur, um es sehr bald wieder zu verlieren. Zwei weitere Bataillone alter Garde suchen wieder den Sieg an ihre Adler zu fesseln, wieder müssen die Preußen weichen. Neue Kräfte wirft Blücher in das Kampfgewühl, während das nunmehr auch herangekommene Korps Ziethen energisch gegen Papelotte vordringt. „Da entschloß sich Napoleon,“ so heißt es in einer Darstellung der Schlacht von Neubauer, „der alles wanken sah, zu einem verzweifelten Schritt. Noch hatte er eine Reserve von zehn Bataillonen alter Garde. Sechs von ihnen führte er zum letzten Angriff auf die englische Stellung. Noch einmal flammte die Begeisterung bei den Franzosen für ihren Kaiser empor. Festen Schrittes gingen die Garden vor, vielleicht, daß es ihnen gelang, die völlige Niederlage abzuwehren.“ Allein auch dieser Angriff stockte sehr bald. Die Entscheidung hatte aber auf des Messers Schneide gestanden. Daß Wellington die Abwehr dieses furchtbaren Stoßes gelingen konnte, verdankte er nur dem Umstande, daß er durch das Eingreifen der Preußen unter Ziethen auf seinem linken Flügel seine Reserven von hier wegziehen und in der Mitte verwenden konnte, wo der Durchbruch zum Teil schon gelungen war. „Die Preußen oder die Nacht“ hatte er sich herbeigewünscht. Die Preußen waren gekommen! — Aus dem Stocken des französischen Angriffs wird ein Zurückgehen, aus diesem bald ein halt- und regelloses Zurückströmen, eine Flucht, als Ziethen La Haye nimmt. Um Plancenoit wird immer noch in heißem Kampf gerungen, allein

Das Gasthaus „La Belle Alliance", im Hintergrund der Wald von St. Lambert.

endlich fällt auch dieses. Engländer und Preußen dringen unter Trommelschlag und Hörnerklang dem fliehenden Feinde nach. Die Schlacht ist gewonnen!

Bei dem Gehöft La Belle Alliance trafen sich die beiden Feldherren; sie begrüßten sich wechselseitig als Sieger und umarmten sich. Es war ein weltgeschichtlicher Augenblick, und die ihn erlebten, waren sich dessen

Begrüßung zwischen Blücher und Wellington auf dem Schlachfelde La Belle Alliance, 18. Juni 1815.

Stich im Völkerschlacht-Museum zu Leipzig.

bewußt. Allein Blücher hielt die Zeit, den Sieg zu feiern, noch nicht für gekommen. Er leitete sofort alles zu tatkräftiger Verfolgung ein, damit aus der Niederlage der Franzosen ihre völlige Auflösung würde. Hierfür war er leider lediglich auf seine überangestrengten Preußen angewiesen. Wellington erklärte, seine Armee bedürfe der Ruhe. Blücher versammelte sofort die höheren Offiziere und befahl, daß der „letzte Hauch von Mann und Pferd" zur Verfolgung aufgeboten werden soll. Der 72jährige Feldmarschall, obgleich von seinem Sturz am 16. Juni noch sehr mitgenommen, setzte sich persönlich in der hereinbrechenden Nacht an die Spitze der Verfolgenden. Dies Beispiel riß die ermüdeten Truppen nach vorwärts. Mit jedem Schritt weiter traf man auf zahlreiche untrügliche Spuren, daß unter diesem Drängen die geschlagene Armee sich völlig auflöse. Gegen Mitternacht wurde das vom Schlachtfeld eine Meile entfernte Genappe erreicht. Ein Versuch der Franzosen, sich hier, wo alle Fahrzeuge der französischen Armee zurückgeblieben waren, zu setzen, mißlang. Sie wurden mit Hurra über den Haufen geworfen. Hier war es, wo Kaiser Napoleons gesamtes Gepäck und die französische Kriegskasse erbeutet wurde. Die wilde Jagd ging weiter. Allein nun begann es auch mit den Kräften der Verfolger ein Ende zu nehmen. In Genappe machte Blücher mit dem, was hatte folgen können, halt und ging zur Ruhe über. Die Generale von Gneisenau und von Röder rissen aber Kavalleristen der verschiedensten Regimenter noch weiter vorwärts, auch die Reservekavallerie, unter Befehl des Prinzen Wilhelm, setzte die Verfolgung fort. Allein auch diese Truppen konnten schließlich nicht mehr. Um 6 Uhr früh war man 18 Kilometer weit, wenn auch zum Schluß nur noch mit ein paar Mann, über das Schlachtfeld von Belle Alliance hinaus dem Feinde gefolgt. Auch die Unermüdlichsten mußten jetzt halt machen. Die preußischen Verluste an diesem Tage betrugen an 7000 Mann.

Blücher hatte das erreicht, was seit den Unglückstagen von 1806 sein Traum gewesen war. Er hatte Napoleon den Garaus gemacht. Triumphierend schrieb er am 19. Juni an seine Frau: „Die schönste Schlacht ist geschlagen, der herrlichste Sieg ist erfochten. Wo Napoleon hingekommen, weiß kein Mensch. Seine Armee ist völlig in Deroute, und seine Artillerie ist in unseren Händen."

„Empfanget meinen Dank," so rief er in einem an demselben Tage erlassenen Armeebefehl seinen Truppen zu: „Ihr unüberwindlichen Soldaten, Ihr habt Euch einen großen Namen gemacht. So lange es Geschichte gibt, wird sie Eurer gedenken. Auf Euch, Ihr unerschütterlichen Säulen der preußischen Monarchie, ruhet mit Sicherheit das Glück Eures Königs und seines Hauses. Nie wird Preußen untergehen, wenn Eure Söhne und Enkel Euch gleichen."

Was war aus Grouchy geworden?! Bei Wawre war er auf das von Blücher dort belassene Korps Thielmann gestoßen, hatte es am 18. und 19.

zurückgedrückt, ließ aber auf die Nachricht von Napoleons Niederlage von ihm ab und entkam über Namur auf französischen Boden.

Napoleons Widerstand war endgültig gebrochen.

Am 20. schon wurde die französische Grenze in Richtung Charleroi-Avesnes überschritten. Nach mehreren siegreichen Gefechten an der Oise mit nach dem Innern zurückgehenden Kräften stand Blücher am 29. Juni wieder vor der Nordfront von Paris. Wellington war dahinter im Anmarsch, die Russen hatten die Pfalz, die Oesterreicher das Elsaß erreicht. Blücher benutzte die nächsten Tage, die mit Waffenstillstandsverhandlungen ausgefüllt waren, sich vor die schwache Südfront der Stadt zu schieben. Seine bisherigen Stellungen nahmen die Engländer ein. Die Verhandlungen zerschlugen sich. Am 3. Juli griff plötzlich Davoust aus Paris heraus das Korps Ziethen an. Als der Kampf in einem Sturm auf Paris enden zu wollen schien, stellten die Franzosen jedoch das Feuer ein. Jetzt wurde ein Waffenstillstand geschlossen. Die Besiegten gingen hinter die Loire zurück. Am 7. Juli zog Blücher in Paris ein.

Sein Herz war voll Wiedervergeltungsgedanken für das, was das deutsche Vaterland, ganz besonders Preußen, durch die Franzosen jahrelang gelitten hatte. Wäre es nach ihm gegangen, wären den Besiegten die schärfsten Friedensbedingungen auferlegt worden. Daß er die Brücke von Jena, die den Triumph Napoleons über Preußen für immer verkünden sollte, in die Luft sprengen wollte, ist bekannt. Daß er dem französischen Minister Talleyrand sagen ließ, daß es ihm recht lieb sein würde, wenn dieser sich vorher drauf setzen wollte, ist ein Zeichen des grimmen Humors des alten Recken.

Das Nachspiel

Ansicht von James Town auf der Insel St. Helena.

(Jostsche Sammlungen in Leipzig.)

Der geschlagene Cäsar war den Trümmern seines Heeres nach Paris vorausgeeilt, er sah es selbst ein, es war zu Ende. Nirgends mehr fand er Mittel zur Fortsetzung des Widerstandes, alles wendete sich von ihm ab. Dieselben Franzosen, die ihm vor 100 Tagen bei seiner Rückkehr von Elba zugejubelt hatten, riefen jetzt nach ihrem König Ludwig. Napoleon gab sein Spiel verloren. Am 22. Juni dankte er ab. Von Malmaison bei Paris begab er sich nach Rochefort. Er hoffte von dort nach Amerika zu entkommen. Allein zu spät; englische Schiffe sperrten bereits den Hafen. Am 15. Juli, einen Monat nach seinem Einmarsch in die Niederlande, begab er sich an Bord des „Bellerophon" und stellte sich dem Admiral Hotham zur Verfügung. Seine Rolle war ausgespielt, sein Schicksal hatte sich vollendet. Am 7. August führte ihn, nach gemeinschaftlichem Beschluß der verbündeten Mächte, ein Schiff nach der Insel St. Helena. Sechs Jahre noch lebte er auf dem einsamen Felseneiland. Er verzehrte sich langsam im Grimm über sein Geschick. Anfang 1821 brach er zusammen. Am 5. Mai trat seine Seele vor ihren himmlischen Richter.

Ueber des großen Dramas Nachspiel, das nach der Rückkehr Ludwigs des XVIII. nach Paris und nach dem Einzug der verbündeten Monarchen in des gestürzten Feindes Hauptstadt am 10. Juli begann, ist schnell berichtet. Das in Wien unterbrochene Verhandeln, Handeln und Feilschen unter den Diplomaten wurde hier wieder aufgenommen. Wie nach dem Kriege 1814, wurde Frankreich wiederum ganz unverdient schonend behandelt. Wieder war alles darin einig, Preußen ja nicht zu mächtig werden zu lassen. So war denn auch das Ergebnis wiederum kläglich, nach all den Opfern und Anstrengungen für unser Vaterland geradezu beschämend. Der ganze Gewinn Preußens, das doch von Deutschland so gut wie allein des letzten

Krieges Last getragen und mit seiner Söhne Blut Napoleon endgültig zum Nutzen aller Mächte niedergeworfen hatte, erhielt außer einer Kriegsentschädigung nur einen kleinen Gebietszuwachs durch die Abtrennung von Saarlouis und Saarbrücken von Frankreich. Landau wurde bayrisch. Nicht einmal die Rückgabe seines rechtmäßigen Eigentums, der von Napoleon und seinen Marschällen geraubten Kunstschätze, hätten die Diplomaten erlangt, wenn nicht der Soldat Blücher gehandelt hätte. Am 20. November mußten Preußens Staatsmänner diesen schmachvollen Frieden unterschreiben.

Elsaß-Lothringen, des alten deutschen Reichs vielumstrittene Vorlande, ließ man Frankreich und damit seine Angriffsstellung gegen unser Vaterland. Die deutsche Einheit blieb ein Traum.

Ströme von Blut mußten spätere Generationen vergießen, um ihn endlich zu verwirklichen.

Namensverzeichnis.